边教书，边成长

Grow While Teaching

陈文/著

中国人民大学出版社
·北京·

目录

自序

努力成为一名积极的思考者

教育的根本在于立人。要做好这项工作，教育工作者不仅要做一名终身学习者、持续实践者，还应该成为一名思考者。“不识庐山真面目，只缘身在此山中”，在教育管理岗位上时，我对很多教育现象认识模糊，离开教育管理岗位5年后，我对教育的认识越来越清晰。于是有了一些新的思考，日积月累，就有了这么一本小书。这本书从五个方面记录了我对教育的新思考。

辑一“夯实基础，用力扎根”，是我对新教师如何健康成长的思考。一名刚入职的教师首先要对自己即将开启的教育生涯有清醒的认识和满满的自信。要从钻研课程标准、熟悉教材、掌握教学流程等开始，落实好教学常规。要从读写实践中汲取前辈和同人的智慧，提升自己的教学素养，成为一名学生喜欢的教师。

辑二“深耕课堂，拔节生长”，是由课堂观察引发的思考。一有机会到学校去，我就喜欢走进课堂，因为课堂是实施素质教育的主渠道，是落实立德树人的主阵地。在本辑里，从教学目标的确定到教学设备的利用，再到师生关系的协调等课堂里的方方面面，我陈述了自己的看法，希望对每天走进课堂的老师们有启发。

辑三“捧读经典，涵泳滋养”，是我近年来重读一些教育家的著作后写下的感悟。苏霍姆林斯基、叶圣陶等教育家，是教育苍穹里耀眼的星辰。他们几十年前的著述，至今闪耀着智慧的光芒。今天的教育工作仍然需要用他们的思想来指导，我们仍然需要站在他们的肩膀上眺望。

辑四“坚守本真，走向成熟”，是我对一些比较突出的教育现象的思考。面对复杂的教育生态，教师要努力提高自身素质。唯有教师品德高尚、业务精良，才能实现让优秀的人培养出更优秀的人。因此，有必要通过专题研修等途径，帮助教师更快成长。

辑五“追寻本质，放飞理想”，是我对学校文化建设的一些思考。学校全体师生是文化建设的主体，唯有全员参与的文化才具有生命气象。学校里物质文化建设非常重要，而精神文化的作用尤为突出。作为学校精神文化建设的主体，每位教师都重要。教师既要仰望星空，又要脚踏实地，这样才能凝聚力量，打造出积极向上的学校文化。

教师的成长始终是我关注的重点。教师成长确实是一个大课题，不是短时间内施行几项行政举措、组织几次教研活动，或是阅读几本书就能顺利“结题”的。教师成长关键在于教师自身。如果你对教育有深厚的感情，有持续的学习力，有良好的反思能力，那就意味着你离优秀教师越来越近。

如果我的这些短文对您的成长有帮助，这是我乐见的事。因自己才疏学浅，书中欠妥之处，期待读者批评指正。我真诚希望与各位同人一起成长。

辑一

夯实基础，用力扎根

时代在前进，新的信息层出不穷，你要不断给自己添加活水，努力使自己成为一个“杂家”，使自己的教学洋溢着时代气息。

迈好教育生活第一步

多数新教师对自己将要从事的工作有一定的心理预期，有的已经下定了拒绝平庸、为人师表、追求卓越的决心。可面对陌生的环境、全新的工作，往往不知从哪里下手。那么，新教师怎样迈好从教第一步呢？

一、终身学习不停步

有的新教师以为自己大学毕业教中小学是“小菜一碟”。这种观点是错误的。学习的敌人是自满。中小学教育对你来说，还是一个陌生的领域。加上时代飞速发展，为人师表者应该树立终身学习的观念。

1. 学习课程标准，深入领会其精神实质

课程标准是学科教学的纲领性文件，新教师要想教好书、育好人，就必须首先学好课程标准，掌握其精神实质。例如，《义务教育语文课程标准》（2011 年版）有以下几个特点：一是着力于学生的基础素质，二是注重全面提高学生的人文素养，三是注重培养学生的创新能力，四是增强了现代意识，五是增强了综合意识，六是遵循了母语教育的规律。这些值得每一位将要从事语文教学的教师反复琢磨、仔细体会。

2. 通读教科书，掌握本学科教材的框架和体系

教材是教师实施教学的主要资源，熟悉、理解和掌握好教材是每位教师必备的基本功。

目前学校正在使用的人教版各学科教材主要有以下特点：一是注重教材内容的现代性和开放性。如小学数学教材突出数学与实践的关系，充分展示数学问题的实际背景。二是重视综合素质和创新实践能力的培养。三是探索创新的教材结构体系。如生物教材突破传统学科体系，构建以“人与生物圈”为主线的新体系。四是重视教材的综合性和学科之间的整合。如化学教材编写反映知识创新过程的范例和专题，这种设计有效地提高了教材的综合程度。五是促进学生学习方式的改变。注重引导学生积极参与教学活动的全过程，提倡主动的、体验的、发现的学习方式。六是促进多样化教学策略和教学设计的选择，主要有主体性教学、反思性教学、探究—发现教学和合作性教学等。

3. 学习教育名著，用科学的理念指导教学

新教师要有读书规划，每年静下心来读几本原汁原味的教育名著，如苏霍姆林斯基的《给教师的建议》等，这对自己的成长非常有好处。在读原著的过程中，你可以体味教育事业的崇高、神圣，坚定终身从教的信念；体会教育的真谛，得到方法的指点，使自己的教育教学有强大的理论支撑。

要不停地买书、读书，不停地思考、积累。教师的家里不能没有书香气。持之以恒地学习、思考，不出三年，你就能成为一名成熟的教师。再经过 3—5 年锤炼，你就可能成为一名优秀的教师。

4. 广泛涉猎各方面知识，让你的教学左右逢源并洋溢着时代气息

新教师不仅要把自己健康的兴趣爱好发扬光大，让学生获益，而且要下功夫了解一些你不太懂或兴趣不大的领域。时代在前进，新的信息层出不穷，你要不断给自己添加活水，努力使自己成为一个“杂家”，使自己的教学洋溢着时代气息。

在这个信息爆炸的时代，互联网为我们的教育教学提供了无限资源，新教师一定要有效地利用这些资源。当然，我们要有批判性思维，面对海量的信息，要能够去伪存真、去粗取精，真正实现好资源为我所用，让自己的教育教学内容丰富、形式多样。

二、用心过好每一天

作为一名新教师，你要知道自己肩负着立德树人的重任，应该对所从事的工作和自己的能力水平充满自信。要厘清头绪，真心投入，把教书育人的目标融入每一天的教育活动中。

1. 厘清教育教学程序

教学工作一般包括制订计划、备课、上课、作业布置与批改、辅导、考查、总结等环节，这是每一名教师特别是新教师一定要遵循的教育教学程序。

2. 调动你的所有智能去备课

备课是教师的日常工作之一，也是教师教育态度和教学智慧的展示。备课备什么？

（1）备教学内容。教师要熟悉教材体系，用心将教材内容转化为教学内容，用科学、先进的理念来指导自己的教育教学行为。

（2）备学情。了解学生是备好课的关键。教师要在了解学情的基础上有针对性地备课。

（3）备教学方法。教师要积累丰富的教法、学法，对教学中可能出现的问题要有预案，逐步达到“词源笔下三千牍，武库胸中十万兵”的境界。

3. 精神抖擞地出现在学生中间

教师应该把教育看成事业，把课堂视为生命活动的一个重要场所，全身心投入。新教师要精神抖擞地出现在学生中间，尊重、保护、关爱学生，唤醒、激励、发展学生。

4. 成为学生学习的指导者与合作者

教师应该是为学生提供舞台、指出方向，并在关键时刻给予学生指导和支持的指导者。应根据学生的智力类型、学习风格等，用不同的策略激发学生的学习欲望，引导学生充分利用教育资源进行探索，帮助学生克服学习上的困难。教师还应该是学生学习的合作者，在学习过程中和学生处于平等的地位。

5. 经常鼓励、夸赞学生

喜欢听好话、想受到他人的肯定与表扬是人的天性。新教师在教育教学过程中要多表扬、赞赏学生，少指责学生，让学生在愉悦的状态下学习、思考，并适时地引导他们改正不良习惯。在批阅作业时，可以写些激励的话。

三、做人做事不偏废

1. 虚心向同行和学生学习

新教师刚从学校毕业，知识储备往往是充足的，但教学工作还要依靠一定的经验。因此，要特别注意向同行学习，学习他们处理教材的技巧、调控课堂的艺术、做学生工作的方法等。韩愈说："弟子不必不如师，师不必贤于弟子。"新教师还要向学生学习，与学生一起成长。

2. 做好人，教好书

社会是一所大学校，学校是一个小社会。新教师初出茅庐，要特别注意处理与学校领导、同事、学生、家长的关系，换位思考。要与人为善，以诚待人。要做好人，教好书，二者不可偏废。

3. 试着写教学后记

新教师要试着写教学后记。教学后记可以记教学之得与失等。形式可以灵活多样，可以是一篇短文，也可以是一段话或一两句话。每天的教育工作紧张而新鲜，你在与学生交往、沟通的过程中肯定有一些有意思、有意义的事情发生，要及时把这些事情记下来。写教学后记关键是持之以恒。日积月累，你就会具备较强的反思能力、教研能力。

教师是传递文明火种的人，是被派到儿童世界去的文化使者。当教师是辛苦的，责任又是重大的。你若能尽快进入角色，安心做教育，不断进取，很快就能从一名新教师成长为一名成熟教师。

使命感是教师成长的原动力

每年的7月、8月，各种培训、研修活动纷至沓来，“教育家培养计划”“名教师培养工程”“基于核心素养的××研讨班”遍地开花，让老师们疲于应付。不可否认，很多培训活动出发点是好的，但存在内容重叠、形式单一的问题，缺乏整体化、系列化和个性化安排，因此也是低效的。

马克思主义哲学告诉我们：外因是事物变化的条件，内因是事物变化的根据。如果教师自身缺乏前行的动力，再多的培训也无法得到想要的结果。

深圳明德实验学校总校长程红兵老师在谈到人民教育家于漪老师时说，于漪老师是培训出来的吗？如果是，那为什么我们用各种各样的培训方式培训不出来像于漪老师那样的名师？名师的成长主要取决于内在的建构：总有一份责任驱使自己不断上进，总有一份良知驱使自己不断努力，总有一份情怀驱使自己永不言弃。

说得好！教师要想成长，就必须寻找内生动力——教师内心深处对教育事业的使命感。

在现实生活中，我们会遇到这样的教师，她看上去娇小文弱，可当她走进课堂面对学生时，那蕴藏在身体里的激情与智慧就像火山一样喷发出来，让人十分惊讶与敬佩。于漪老师就是这样的典型。有人问她为什么对教育教学始终精力充沛，于老师回答说，是使命感带给了自己无限的精力。于老师还说，教育工作是平凡的，但要让平凡的工作变得有意义！要让每一个学生都受到良好的教育，教师要有内心的深度觉醒，使命感是教师工作的原动力。

一个教师真正的成长就在于他内心的觉醒。福建省厦门市教育局原副局长任勇先生认为，觉醒者，往往把自主发展、自身成长看作一种需要、一种追求、一种境界；觉醒者，也会自然而然地萌生积极向上的心态……

任勇先生在谈到自己的成长经历时说："我在闽西山区教书时，相对来说信息闭塞，我就通过订阅报纸杂志了解外面的世界，了解数学教育研究与实践的情况，这是十分有效的方法。我当时订了可以订阅或邮寄的23种数学杂志，当时收入有限，拿出那么多钱订杂志，是要下很大的决心的。杂志一到，我就马上读，几乎是'读红'，就是每页都读都画还写下批语，同时做目录分解，以便日后好查询。有时，看完目录中的某个题目，自己就想：'这个题目让我来写，我会怎样写？'把自己的写作框架拟出来，再打开对照，看看是别人写得好还是我的框架妙。那段时间我读了大量的数学教育文章，为日后的研究奠定了深厚的基础。学校没有要求老师订杂志，更没有要求订那么多的杂志，也没有要求老师一定要读专业杂志。当年之举，现在看来就是自主学习。"（《觉者为师——好教师成长之新境》，华东师范大学出版社2019年版）教师要提高自己的教育教学水平，就必须加强自主学习。这种主动、自发的学习，能培养教师主动发展的能力，使教师形成良好的学习品质，培养教师的自信心和意志力，保护并激发教师的学习力。

任勇老师还谈到，教师也要被逼着成长。参与论文写作、会议发言、专业指导、考察学习等活动，教师可能处于被动的状态，但只要有好的心态，认真负责地对待每一项工作任务，就能变压力为动力，最终转化为能力，促进自身成长。任勇老师的“主动”“被逼”是教师成长的两种好的方式，值得学习借鉴。

还有一种方式不妨一试，就是在成长的每个关键点上，寻找并得到优秀导师的指引和帮助。帕克·帕尔默说：“心灵导师的力量不一定在于提供给我们好的教学模式，因为教学模式回答不了我们当教师的到底是谁这个问题。心灵导师的力量在于他们能唤醒我们内心的真谛，这是多年后通过回忆其当初对我们生活的影响，可以重新点燃的真谛。”（《教学勇气——漫步教师心灵》，华东师范大学出版社 2005 年版）如果有幸遇到让我们欣赏和信赖的心灵导师，那么，我们可以在他们的指引下坚定地朝着自己认定的方向努力。

一个渴望成长的教师应该关注教育价值，关注人类命运，具有很强的社会责任感。如今，教育的核心价值可能是如何让每一个人有能力、有机会去创造一个新的社会。

无数的研究结果表明，对人的成长，内生性的驱动力的作用要远比外部强加的力量大得多。今天的教师一定要有与时俱进的意识，要勤于学习、不断充实自我，要牢记使命、勇于担当、追求卓越。

读书是最好的备课

在 2019 年 4 月 23 日世界读书日来临之际，由中国新闻出版研究院组织开展的全国国民阅读调查结果公布。这份历时半年的调查报告，从 11 个方面对国民一年来的阅读状况进行了全面的分析。根据调查结果，“从成年国民对各类出版物阅读量的考察看，2018 年我国成年国民人均纸质图书阅读量为 4.67 本，与 2017 年的 4.66 本基本持平。人均电子书阅读量为 3.32 本，较 2017 年的 3.12 本增加了 0.20 本。纸质报纸的人均阅读量为 26.38 期（份），低于 2017 年的 33.62 期（份）。纸质期刊的人均阅读量为 2.61 期（份），低于 2017 年的 3.81 期（份）”。

我国国民人均纸质图书阅读量，较之以色列、美国，差距很大。其实，中华民族自古崇尚知识，尊重读书人，“天下第一等好事还是读书”“书中自有黄金屋”“万般皆下品，唯有读书高”“耕读传家”等遗训至今耳熟能详。可不知从什么时候起，这“第一等好事”让位于其他事情了。即使以教书为业的老师，很多也以没时间为由将书束之高阁。

有这么一个经典故事。一位校长去听本校一位历史老师的课。课堂上，这位老师信手拈来的史料、准确无误的表述，让听课者获得极大的享受。课后校长追问这位老师用了多长时间备课，何以课上得这么好。这位历史老师脱口而出：“我为这堂课准备了一辈子，我一生都在备课。”

“一生都在备课”，说得真好！要上好每一堂课，就必须一辈子读书学习。读书是最好的备课。

一、读基于学科、能夯实功底的书

为了做好本职工作，每位老师都要读基于学科、能夯实功底的书，这样才能信心满满地走上讲台。

一是读课程标准。要掌握好本学科的纲领性文件——课程标准。比如，语文学科的课程标准明确了学科性质，即工具性和人文性的统一；明确了母语学习的路径，即精读博览，勤写多练。这对我们做好教学工作具有很强的指导意义。

二是读教材。叶圣陶先生有言：教材无非是个例子。但这是一个不一般的例子，老师一定要理解、用好这个例子，并能举一反三。

三是读本学科前辈的专著。就语文学科而言，中国现代语文教育的鼻祖叶圣陶有关语文教育的论述值得我们反复阅读与研究。另外，夏丏尊、朱自清等现代教育家对语文教育也有很多精辟的论述，它们同样值得我们学习借鉴。

四是读改革开放40多年来我国中小学涌现出的学科名师的专著。名师的实践经验和理论探索，是一份份宝贵的财富，值得我们学习。

二、读能打开思维、启迪智慧的书

一位老师要想在专业道路上走得更远，一定要主动、系统地阅读教育理论著作，读一些能打开思维、启迪智慧的著作。

一是读古代典籍。《论语》《孟子》《学记》等典籍里提到的诸如“因材施教”“有教无类”等教育原则，至今仍适用。古希腊苏格拉底的“产婆术（助产术）”对我们今天的课堂教学仍然有借鉴意义。

二是读国外著名教育家的著作。这里，重点介绍两位对中国现当代教育产生深远影响的人物。一位是杜威，他是美国现代实用主义哲学的重要代表人物。一个多世纪前，他在美国哥伦比亚大学任教，培养出一批中国教育家，如陶行知、胡适、蒋梦麟、张伯苓、陈鹤琴等。杜威的“儿童中心”及“做中学”等教育思想，影响了包括中国在内的全世界很多国家。他的代表作《民主主义与教育》《我的教育信条》等值得仔细研读。另一位是苏霍姆林斯基，他是苏联伟大的教育家，在30多年教育生涯里，他把整个心灵献给了孩子们。他提出的“培养全面和谐发展的人”的理论，与我们现在倡导的培养目标非常契合。苏霍姆林斯基一生著有41部教育专著。他的著作被称为“活的教育学”“学校生活的百科全书”。苏霍姆林斯基对我国基础教育的影响超过了任何一位教育家。他的《给教师的建议》《教育的艺术》《帕夫雷什中学》等，令我们常读常新。

三是读我国现当代教育名家的著作。如陶行知的著作、朱永新教授的《我的教育理想》《致教师》、李希贵校长的《教育艺术随想录》《面向个体的教育》，既有较高的理论层次，又有实用的实践经验，值得我们仔细研读。

三、读能滋养心灵、温暖生命的书

中小学老师还可以读一些能够滋养心灵、温暖生命的书。例如能够提升人文素养、洋溢着人性关怀的书，如“四书五经”、《楚辞》

等，如古今中外著名作家作品、诺贝尔文学奖获奖作品、茅盾文学奖获奖作品等。中小学老师还可以读一些能提升科学素养的书，如《十万个为什么》《时间简史》等。

也许有老师会说，这样的书并没有多少内容与备课、教学对接得上。从功利的角度看，读这几类书确实不能直接见效于备课与教学，但这是一种“无用之用”。老师爱学、会学，教才有源头活水，才有智慧。老师的视野有多广阔，学生的视野就有多广阔。老师入行的头十年，就是打底子的十年，养成了读书的习惯，会影响自己和学生一生。行文至此，谨录明代诗人于谦的《观书》一诗与大家共勉。

书卷多情似故人，晨昏忧乐每相亲。
眼前直下三千字，胸次全无一点尘。
活水源流随处满，东风花柳逐时新。
金鞍玉勒寻芳客，未信我庐别有春。

备课就是备问题

在和校长们交流的过程中，我发现校长们总有这样的疑惑：我们的老师看起来认真负责，教务处也经常进行常规检查，可为什么教学效果总是不尽如人意呢？每当这时，我都会建议学校将常规检查前置，即在上课之前由教务处会同学科组认真检查老师的教学准备情况，把课堂中可能出现的问题在备课环节就纠正过来。

备课在整个教学中起着举足轻重的作用。老师通过认真备课，可以熟悉教材内容，摸清编者的意图。在这一过程中，老师既可以积淀知识，加深对学科相关知识的理解，又可以提升专业水平。

备课时，老师可以在亲近教材的过程中思考，在思考的基础上结合学生的认知水平提炼出一个个有价值的问题。

近读王崧舟老师的两本专著《美其所美——王崧舟讲语文课怎么上》《美在此处——王崧舟讲语文课上什么》（上海教育出版社2019年版），收获很大。王老师在《美其所美——王崧舟讲语文课怎么上》一书第一讲“语文教师如何分析课堂学情”中谈到了一个案例。小学语文课本里有一篇季羡林先生的经典文章《自己的花是让别人看的》，很多老师喜欢这篇文章并经常将它拿来上公开课。只是上课老师往往把这篇文章的主旨定位为“人人为我，我为人人”，并把教学重点也放在这一点上。课堂上老师一般这样教学：引导学生联系自身实际、家庭实际和社会实际，讨论怎样才能做到“人人为我，我为人人”，最后得出结论——要从自己做起，从小事做起。这样的课上着上着，给人感觉“语文味”没有了，变成了思想品德课。

为什么会出现这样的认识偏差呢？一是上课老师还没有读懂文本，没有找出课文中的问题。二是有些老师受手头现有资料的影响，在理解课文上出现方向性错误，被一些“假问题”蒙蔽了眼睛。让学生讨论怎样才能做到“人人为我，我为人人”，就属于这种情况。王崧舟老师从整体语境出发，列举出四条理由，说明这篇文章要告诉我们的是异国风情和异域文化。因此，王老师建议，教学中不应该把孩子带到“人人为我，我为人人”的道德说教领地，而应该把他们带到德国人非常爱花这样的异国风情、异域文化的方向和道路上。

可见，智慧的老师会不断练就从看似平常、合理的看法中找出问题的本领。老师可以从以下三个方面着力。

一是从教学内容中找问题。比如，语文老师拿到一篇文章，想到的只是去找一些相关的解读资料，并把这些资料填充到备课本上，这样做当然“省事”，却不可能发现可以用来教与学的问题。可以预料，这样的课堂肯定是平淡乏味的。要让你的教与学生的学无缝对接，就必须深耕教材，用心钻研，反复揣摩，“于无疑处生疑”，这样才能找到有价值的问题。

二是从教材整体安排中找问题。比如，现行中小学语文教材以主题单元的形式呈现，编者在每个单元的前面有针对整个单元学习的言简意赅的提示，在每篇课文后面有明确具体的学习要求。老师在备课时尤其要关注这些提示和要求。王崧舟老师研读《自己的花是让别人看的》一文时，就找出了这个文本所在单元提示语里的关键词，然后从这个单元的整体语境出发，确立文本的定位，得出自己的看法。因此，语文老师只有尊重单元的整体语境，准确把握编者的编写意图，才能找到真问题。

三是从和学生的交流中找问题。教的落脚点是学生的学。学生学得怎样、学生对老师现在的教有怎样的意见和建议、学生希望采取哪些教学形式，诸如此类的问题都需要老师走进学生中间去了解。智慧的老师上完课后会在教室里待一会儿，和学生说说话，他还会在上完一篇文章、一个章节的内容后做些调查，让学生帮助自己查找问题，并把这些问题放到备课本中，带到课堂上。

在教学管理中，要抓住备课这一环节，鼓励老师去寻找贴近教材主旨、符合学生实际的问题；在课堂中，师生围绕这些问题思考、探究，找到解决问题的方法和路径。这样，既可以激发学生的学习兴趣，又可以启迪其思维，往往能收到不错的教学效果。

上好课是教师的本分

教书育人是教师的天职，上好课是教师的本分。

一、上好课的前提是钻研教材、写好教案

熟悉学科课程标准，钻研教材，研究教学内容，写好教案，这是教师的日常工作。在这些工作中，钻研教材、写好教案是重中之重。无数名家的经验证明，钻研教材、写好教案是上好课的前提。被两代总理（周恩来、温家宝）看重的“国宝教师”霍懋征老师，在总结几十年的教学经验时强调：要想向课堂四十分钟要质量，教师就必须认真备课，针对不同的教学要求、面对不同的教学对象，必须采取不同的教学方法。

在信息时代的今天，我们提倡研究型备课。以语文学科《荷塘月色》一课为例，教师应在熟读课文的基础上，翻阅有关作者和时代背景的参考资料，进一步阅读作者的其他散文，以把握作者的创作思想和散文风格。不仅如此，他还需要阅读《中国现代文学史》，从文学史和《朱自清传》等专著中了解有关对朱自清的评价。此外，教师还应进一步查阅近年来语文教学专业报刊上有关朱自清及其散文的最新研究成果。最后依据阅读过的相关资料以及学生的认知水平等，形成自己的心得体会，写成备课笔记（教案）。这就是研究型备课。教师

要创造性地整合教学资源，变“教科书是学生的世界”为“世界是学生的教科书”，引导学生打通书本世界和生活世界之间的界限，将书本知识和实际生活结合起来，让教师和学生在每一次学习中都有新的收获。

二、上好课的基础是走近学生、研究学生

学生应该学生活的知识，学生存的技能，学生命的意义。

1. 教师要有新的学生观

苏霍姆林斯基认为，教师的职业是一门研究人的学问，要长期不断地深入人的复杂的精神世界。他告诉我们：(1) 学生是生活中人，教师“是和生活中最复杂、最珍贵的无价之宝，也就是人在打交道”的人，学生对你来说不是班级记事簿上的一行字和一个号码，而是一个活生生的人；(2) 学生是发展中人，永远是新的，今天与昨天不一样；(3) 每个学生都是独特的个体。学生在成长过程中总会出现这样那样的错误，教师不能熟视无睹，更不能姑息迁就，而应该巧妙而正确地走进学生的心灵，为学生指出并要求他改正。(《苏霍姆林斯基选集》第 2 卷，教育科学出版社 2001 年版)

2. 教师要有坦诚、磊落的胸怀

一般说来，在学生做了错事之后不歧视、不侮辱他们，很多教师都做得到，但能在学生面前勇于承认自己的不足和失误，欢迎和鼓励学生超过自己，就不那么容易了。陶行知先生说：“教师的成功是创造出值得自己崇拜的人。先生之最大的快乐，是创造出值得自己崇拜

的学生。”如果教师能做到这一点，他的威望就会自然形成。

3. 教师要学会夸奖学生

一位优秀的教师，在课堂上总是善于运用夸奖的方法来激励学生成长。这种夸奖，是教师肯定学生的一隅之见，是教师赞许学生的一技之长。它可以是一个肯定的手势，可以是对一篇作文的褒奖、对一次作业的展示……这种夸奖，可以强化学生自信、自爱、自尊、自强的信念，可以塑造学生良好的行为习惯，可以完善学生的形象。

只有走近学生、研究学生，教师才能上好课。

三、上好课的关键是不断学习

“身教重于言教”，这是老祖宗给我们留下来的箴言。教师自身对读书学习表现出浓厚的兴趣并付诸行动，才能培养出爱读书学习的学生。

1. 要通过读书学习重新构建自己的知识、能力与教育理论体系

教师读书越多，对教育本质的认识往往就越深刻。理想的教师应该过一种读写为伴的生活，成为学生生命中的重要他人。

2. 要通过实践及时矫正自己的教学坐标

教师要从“讲师”转变为“导师”。要帮助学生确定合适的学习目标，并与学生一起寻找实现目标的最佳途径。要创设丰富的教学情境，激发学生的学习动机和学习兴趣。要帮助学生养成良好的学习习

惯。要创设轻松、宽容的教育教学氛围，为学生服务，与学生分享成功的喜悦。

3. 要把引导学生自主探究学习作为教学的出发点

课堂上，教师要落实“以学定教、先学后教”的原则，不搞满堂灌，不打题海战，把课堂上的时间、空间和主动权交还给学生，让学生真正成为学习的主人。

让课堂成为思想者的发祥地

苏霍姆林斯基说：“课堂是人成为思想者的发祥地。我认为，课堂教学最重要的目的，是激发儿童对知识的渴求。倘若他们在上完我的课后没有产生超越我的讲述而想知道得更多的愿望，那课堂教学的目的就没有达到。”（《苏霍姆林斯基选集》第5卷，教育科学出版社2001年版）

按照这位伟大教育家的阐述，课堂上我们不仅要传授知识、培养能力，更重要的是激发学生的学习兴趣，让他们想学。同时，我们还有一项重要的任务，即让课堂成为思想者的发祥地。要让课堂成为思想者的发祥地，我以为可以从以下几方面入手。

一、重新定位教师的角色

随着时代的发展，教师的角色发生了变化。一是学校生态的建构者，是给学生提供学习资源和成长条件的人。二是开发者，不仅要开发教材、课程，更重要的是要开发学生的潜能、思维、学习力等，还要允许学生“遵照自己的方式”去学习和生长。三是信念的传播者，以自己的信念去影响学生的世界观、人生观和价值观。

一位热爱学生、热爱生活的教师，会自觉地把知识、能力、兴趣、习惯、思想等巧妙地融合在一起，像春风细雨一样在学生的心田中悄无声息地播撒。

首先，他会用心倾听，发现课堂中积极的、深刻的、可资全班同学借鉴并进一步思考的思想火花。对学生表达的观念做出热切的、充满智慧的回应，通过有效追问、小组合作、师生互动等方式，把学生个人思想的成果分享给全班同学。

其次，他会提升自己创设情境的能力，为学生提供作为思想者的机会。课堂内外，他会平等、公正地对待每一个学生，促进学生自我反思、自我建构。

再次，他会积极创造条件，让学生成为思想者，进而把知识的探究转化为学生个体对问题深刻、独立、创造性的认知，鼓励学生成为与众不同的“这一个”。

二、重新定位学生的角色

学生姓“学”名“生”，这里的“生”即“生长”，因学习而生长。学校因学生的学而非教师一味的教而存在。基于这种认识，学生要成为学习的主人，成为有独立思考能力的人。

教师要引导学生自主探究。要让学生在好奇心的驱使下，满怀兴趣地参与对能力、智力的各类挑战活动，亲身体验充满思想、情感、智慧的生活，从而使学生的知识得以增长，情感得以呵护，人格得以健全与发展。要让学生在探索中感受发现的趣味，学生真正的兴趣是在探索和发现中产生的。

三、重新定位课堂的目标

现代教育理论认为，教学就是通过课堂这一客体而进行的师生共同创造、相互欣赏、导学结合、共同进步的教育活动。如果说教育是一项任务，那么教学则是一种手段，课堂是重要的载体，教师是具体完成这项任务的责任人。要完成教学任务，关键是教育者要做到目中有“人（学生）”，而不是目中尽是“分数”。

在课堂教学中，要让学生成为思想者，首先，教师要有平等的意识。学生只有充分感受到与教师在人格上是平等的，在与教师的交流互动中才会真实地表达自己的观点。其次，教师要有真诚的态度。师生双方如果在交流互动中真诚相待，畅所欲言，就能把真情实感充分展示出来，实现真实的心理互动。再次，教师要用欣赏的目光看待学生。学生在学校里、在课堂上展现独特、新颖的见解和思想，教师应投以欣赏的目光，而不能将其视为“异端”“另类”加以嘲笑讥讽。

因为每个学生都带着自己独特的生活经历和人生体验走进学校，理解、尊重和欣赏别人的经验与观点就显得非常重要。只有解放学生被禁锢的心智，解放学生被束缚的个性，学生才能够异想天开并大放异彩，才能够凸显教育应有的力量。

一位哲人说，地球上最美丽的花朵是人的思维。当下的中小学课堂，还缺少学生成为思想者的土壤。因此，对学生创新的激情、有价值的创意和独立思考的精神，需要更多地去发现、呵护和扶持。教师要培养学生的独立思考能力，激活学生的创新潜能，让他们在健康的教育环境里自由地生活，快乐地成长。这样，课堂才能真正成为思想者的发祥地。

课堂应该是什么样子的

课堂应该是什么样子的？这个问题见仁见智，正如“一千个读者就有一千个哈姆雷特”，一千个老师心中就有一千种课堂的样子。在我看来，课堂应该具有实、活、新、趣的特点。

先说“实”

课堂要“实”，这是没有疑义的。小学语文名师贾志敏老师认为这个“实”主要体现在三个维度上，即朴实、扎实和真实。我以为这“三实”可以这样在课堂上落地。

1. 要制定朴实的学习目标

课堂学习目标应该具体明确，语言表述也应该朴实无华，让学生一看就明白。切忌不顾教材要求和学生实际泛泛而谈，大而无当。

2. 要扎实落实教学内容

比如，语文教学关键是落实好字、词、句、段、篇等内容，练就学生听、说、读、写、思等能力。因此，课堂上，要扎实落实教学内容，该掌握的字词要让学生反复练习；该背诵的文段、文章要让学生反复朗读。课堂教学要避免“雨过地皮湿”，切不可贪多求全。

3. 要传递真实情感

要让真实的教育发生，教师就必须目中有“人”。一要坚守儿童立场，把学生看成活生生的正在成长中的生命个体，尊重他们之间的差异；二要建立民主平等的师生关系，让学生在愉快、轻松的氛围中学习。要知道，教育不是冷冰冰的知识派送，而是有温度的情感交融与传递，师生间心有灵犀，就能绽放出“不教而教”的精彩。

次说“活”

课堂要“活”。“活”，表面上是教学内容鲜活、教学形式灵活，实质上是师生双方的知识、经验、情感被激活。“活”，还意味着师生双方潜能的开发、精神的唤醒、个性的彰显，意味着师生双方经验的共享、视界的融合与精神的感召。能否达到这些目标，要看学生是否主动参与课堂，在参与过程中是否表现出强烈的兴趣与需要，是否体验到学习的快乐，是否获得心智的发展。

再说“新”

有新意的课堂才有吸引力，怎样才能让课堂有新意呢？

1. 对教材的理解要有新意

运用同样的教材，为什么有的老师的课堂味同嚼蜡，而有的老师的课堂则给人耳目一新的感觉呢？这个差距主要是因为对教材的理解和把握不一样。如果老师备课时照搬已有的教案，那他的课堂肯定是缺乏新意与活力的；如果老师认真钻研教材，能够提出独特的见解，那他的课堂就会有特色、有新意。当代中小学语文名师的课堂为什么总给人耳目一新的感觉？因为他们有深厚的文字、文学、文化功底，能够站在一般人不能企及的高度来审读教材、处理教材。

2. 教学设计要有创新

在课堂上，教师不仅要传授知识，更重要的是要引导学生积极地思考、自主地探究、大胆地质疑、踊跃地表达。课程改革的重点是促进学生学习方式的变革，自主学习、合作学习、探究学习是其中最为核心的内容。要让学生从被动学习向主动学习转化，教师就必须关注学生的内心世界和需要，培养学生终身学习的能力。教师要坚持学为主体、以学定教的原则，设计出能够满足学生的实际需要、有新意的教学方案。

后说“趣”

学生都喜欢有趣的课堂。怎样才能让课堂生动有趣呢？

1. 联系学生的生活经验、知识水平，找准他们的兴趣点

课堂上，智慧的教师从导入开始就依据学生的认知水平，有意识地引导他们寻找教材与生活的关联点，让学生怀着浓厚的兴趣，带着愉悦的心情和满满的期待进入教学。

2. 教师的语言要幽默风趣

有的教师语言风趣幽默，课堂气氛活跃，学生兴趣盎然；有的教师语言单调乏味，课堂气氛沉闷，学生或昏昏欲睡，或东张西望等待

下课铃响。虽然课堂效果受多种因素影响，但教师的语言修养、运用语言的艺术，往往起着重要作用。民谚云“语言不是蜜，但是可以粘东西”。于漪老师说，教师的语言应该有磁性的魔力，对学生有吸引力，能够牢牢吸住学生的思维，启发他们动脑动心，在求知的海洋中搏浪前进。可见，教师的语言对教育教学多么重要，而语言的修炼是一辈子的事。

课堂应该是什么样子，没有绝对的标准，而具有“实、活、新、趣”特点的课堂，往往深受学生喜欢。

教师的写作素材从哪里来

我经常鼓励一线教师拿起笔记录自己的教育教学生活，因为他们始终是在教育现场的人，有很多教育故事、教学心得值得记录下来，而记录的过程就是自身成长的过程。也许是“只缘身在此山中”之故吧，很多教师想写作，却不知道从哪里入手。这里，我结合自己的写作实际，和大家谈谈如何寻找写作素材。

一、写作素材可以从落实常规中来

解读课程标准，钻研并掌握教材，这些教学常规是每位教师在课前都必须落实好的。在读课标、读教材的过程中，如果教师能够先“裸读”，然后再找来相关资料对比着读，就可以读出和别人不一样的感觉。“和别人不一样的感觉”就是自己写作素材的来源之一，把这些感觉记录下来，可能就是一篇好文章。

现在很多报刊都有“教材管见（分析）”之类的栏目，特别欢迎教师这类有新意的文章。记得20世纪末，新修订的义务教育语文教学大纲颁布，我找来新旧两部大纲，认真分析、对比，写成一篇文章，揭示出新大纲新在哪里、教学中要注意些什么。这篇文章先被《湖南教育》采用，后被中国人民大学复印报刊资料《中学语文教与学》全文转载。

二、写作素材可以从课堂教学中来

课堂是教师“传道、授业、解惑”的主要场所，更是落实“立德树人”育人目标的主阵地。课堂是一个大矿藏，教师可以从中寻找写作素材。短短的40分钟，从导入的艺术到结束时的反馈小结，从课前精心预设到课堂中始料未及的生成，以及学习过程中师生迸发出的智慧火花，等等，都可以收入笔端，写成一篇篇文章。这些文章可以统称为“课堂作品”。比如，把一堂课的成功或遗憾之处记录下来，写成一篇教学后记，能给人启发和借鉴。

20世纪90年代初期，我在中学教高三语文，那时候的高考作文流行材料作文。如何利用好这类作文中的材料，是我关注的重点，也是学生的痛点。在经过一番思考研究、充分准备后，我走进课堂，用“点”“扣”“引”“应”四个字，引导学生充分利用所给的材料。“点”即在文章开头点明材料的主旨；“扣”即围绕主旨、紧扣材料来着墨；“引”即由材料引申、生发开去，联系现实生活加以论述；“应”即在文章结尾处照应好材料。一堂课下来，学生纷纷表示这个方法易学好用。我当时很兴奋，回到办公室立即将这节课的内容整理成一篇文章，投给《中学生学习报》。两个星期后，该报在头条位置刊发了我的《如何利用材料作文中的材料》一文。

三、写作素材可以从教育生活中来

每位教师每天都要面对丰富多彩的教育生活，如果我们抱有爱心，细心观察并参与其中，就会发现周围一个个鲜活的教育故事不断涌现。对变化中的教育生活，教育案例、教育故事、教学调查等都是很好的表现形式。

我当教研员多年，有机会下到学校去翻阅教师的教案，发现很多教师没有意识到备课是一次很好的学习机会，是一次和课文、和学生交流的机会。他们或者从已出版的现成教案中摘抄一些内容，或者干脆从网上整篇、整本下载教案。我觉得这是一个值得注意的问题，也是一个很好的教育案例。根据当时掌握的情况，我写下一篇短文《提倡研究型备课》。这篇文章发表在《中国教育报》上。进入 21 世纪后，高中语文教材有较大的变化，文言文的分量明显增多。编者这样做，一线教师和学生会认可吗？能适应吗？我选择自己所在的浏阳市几所规模较大的高中做了一番问卷调查。调查结果显示，文言文的教与学都存在很大问题。我以此写下一篇教学调查报告——《文言文，想说爱你不容易》。这篇文章先在《湖南教育》上发表，不久，被中国人民大学复印报刊资料《中学语文教与学》全文转载。

四、写作素材可以从报刊文章中来

每天，我们都要读到一些教育类或学科专业类报刊，面对上面刊发的文章，我们是一晃而过还是掩卷而思呢？我喜欢对有些文章思考一番。有一次，我看到一家报纸上登了这样一篇文章——《教师要多写教学论文》。该文建议一线教师多写教学论文，这符合教师的教研水平和实际生活吗？我立马打开电脑，写出文章《教师更应该多写教育记叙文》，表明自己的观点。半个月后，这家报纸登出了我的文章。面对层出不穷的教育事件和教学问题，教师要不断提高自己的审辨力，透过现象看本质，寻找问题背后的问题。

一段时间里，网络上对师德的讨论非常热烈，我结合当前的教育实际，写了一篇文章——《上好课就是教师的崇高师德》。这篇文章在我的微信公众号上发出来之后，先后被30多家网站、微信公众号转载，点击量超过10万人次。

教师还可以写一些教育时评，以此表达对某些问题或事件的看法，并参与有关报刊组织的讨论，发表自己的意见，体现一个教育工作者的担当。

五、写作素材可以从名家教育思想中来

一位渴望成长的教师应该过一种读写为伴的生活。大量的专业阅读会引发教师对专业的思考，进而生发表达的欲望。我们在阅读某位教育名家的文章、著作时，有时会对其中的文字深以为然，有相见恨晚之感。这时，我们可以选择名家某一句或某一段教育箴言予以阐述、演绎，让这些箴言更具说服力和影响力。

2018年，是伟大的教育家苏霍姆林斯基诞生一百周年。想起这位教育家的著作对我的教育教学的指引，我便重新捧读他的书，一边读一边选择他的一些教育箴言加以阐述，先后写了10篇文章。这些文章陆续在《中国教育报》《教师博览》等报刊上发表。2018年，我重温叶圣陶有关语文教育的论述，写下多篇文章，提醒当今的语文教育不忘来时路。这些文章也产生了较好的反响。

我们在阅读名家著作时，还可以写一些书评。坚持下去，教师自身的阅读和写作能力就能够得到提高。另外，将这些好书推荐给更多人阅读，也是一件功德无量的事。

写作是很孤独的事，要耐得住寂寞，扛得起失败。没有人天生就会写文章，能写文章的人总是从一次次的“泥牛入海无消息”中走出

来的。因此，持之以恒、久久为功非常重要。实际上，拥有一双善于发现的慧眼，带上一颗善于思考的头脑，去从事教育教学工作，你会时时有文思泉涌的感觉。

如何写好教育类文章

教师理想的状态是过一种读写为伴的生活，通过大量阅读与写作，积累知识，丰盈生命，这样你就会有获得感和成就感。教师的写作领域宽泛，文学的、教学的都可以涉猎，但最好是联系自己的工作和生活实际，多写教育时评、教育随笔、教育故事、教学反思之类的文章，因为写这类文章更有利于教师的专业成长。那么，如何写好教育类文章呢？我以为教育类文章应该具备“三明”。

一、观点鲜明

在信息井喷的互联网时代，人们往往不太喜欢读那些絮絮叨叨、不知所云的文章，他们没有时间和你玩捉迷藏，更喜欢读那些直截了当、观点鲜明的文章。这个现实情况写作者不能不知。如何才能让你的教育类文章观点鲜明呢？这需要你对社会生活中的各种现象有很强的审辨力，对自己所从事的工作有良好的专业认知能力。

如果我们在文章里对当今教育领域各种似是而非的现象或随波逐流、人云亦云，或真假不辨、良莠不分，或支支吾吾、不置可否，让人读起来丈二和尚摸不着头脑，读者一定会在心里骂你耗人光阴。文章要做到观点鲜明，关键是作者要有足够的胆识和勇气，不唯上，不唯书，只唯实！赞美新生事物不吝啬，鞭挞丑恶现象不留情。

一是在文题中宣示观点。“题好一半文”，这是写作领域里的一句行话，说明文题的重要性。现实情况确实如此，一个宣示观点的好文题，能即刻抓住读者的眼球，促使他把文章读下去。所以，我们在动手写文章之前，对文题要做一番思考，力求找到既不落俗套又观点明确的文题，以体现作者的匠心。当然，也要避免为吸人眼球而成为“标题党”。

二是在文眼里凸显观点。一篇文章中总会有几处精粹的话语，或展示认知，或体现态度，或抒发情感，这些被看作文眼的文字，正是作者的观点蕴藏之处。因此，我们在写作时可以在文眼里凸显观点。

三是在文末处表明观点。元代陶宗仪在《南村辍耕录》里写道：“作乐府亦有法，曰凤头、猪肚、豹尾六字是也。”意谓文章的开头要以奇句夺目，引人入胜，如同凤头一样俊美精彩；主体部分要言之有物，紧凑而有气势，如同猪肚一样充实而丰满；文章的结尾要跌宕警策，如同豹尾一样雄劲有力。可见，能否在结尾处水到渠成地表明观点直接影响全文的成败。

二、层次分明

我们经常看到这样一些文章，有观点，有论据，但整篇文章给人感觉如同一团乱麻，让人难以理出头绪。有的语言表述杂糅现象严重，把多个论据杂乱无章地糅合在一起，让人费尽心思还是难有收获。还有的语言表述应了一句俗话：“脚踩西瓜皮，滑到哪里算哪里。”

为什么会出现这样的情况呢？作者行文前缺乏整体意识，没有列提纲的习惯，是一个重要原因。作者在动笔前要对所写文章有整体考虑。如果是写时评类文章，论点、论据及论证方法都应该清晰地出现在脑海里。之后，厘清全文的脉络，列出详细的提纲。提纲包括文章要表明的总论点，准备用几个分论点来支撑它，还要就每个分论点列出论据（一个以上事例），使它们能自然地对接。对分论点加以论述，可以遵循微观—中观—宏观的顺序，也可以按照总—分—分或总—分—总的顺序。

另外，文章的层次不宜多，以三层为好。列好了写作提纲，就为文章撑起了骨架，接下来组织文字就是生血长肉了。如果平时勤于动笔，文字表达能力较强，这生血长肉就会成为一件很容易也很有趣的事。行文时，最好是一个段落阐述一个分论点，列举一个事例，表明一层意思。有整体安排，有详细提纲，文章就会给人层次分明的感觉。

三、语言清明

这里的“清明”，是说文章在表述上要清楚明白。现在报刊或网络上有些文字，有的佶屈聱牙，叫人半懂不懂，难以卒读；有的掉书袋，或堆砌辞藻、掌故，或罗列名言警句，引用过度，让人读来非常费力；有的食“洋”不化，借用外语语法表现形式，读来十分别扭；有的因文害意，勉强拼凑或生造词语，令人莫名其妙。这些都在一定程度上降低了文章的质量，会挫伤读者的阅读积极性。在快节奏的社会里，人们往往喜欢清新明快的文风。因此，不管你写的是教育类何种文章，都应该抱着“我手写我心”的态度，心里是怎么想的，就用清新明白的文字把它们表述出来。

在表述时，还要遵循两个原则：一是自己没有理解透的话不写；二是自己不相信的话不写。自己都没有理解透，自己都不相信，你却赫然写在文章里，这不是自欺欺人吗？另外，我们还要充分利用汉语言讲究韵律、平仄、对仗及铿锵有力、朗朗上口等特点，在行文时尽可能让文章有节奏感、音律美，让别人读完你的文章能够真正获得知识、陶冶情感、体验美好。

关于文章的优劣，是一件见仁见智的事，没有一致的看法和统一的标准。不过，在这个快速向前发展的时代，有些认识是趋同的。比如，文章论点最好集中，基本做到一事一议；又如，文章篇幅不宜太长；等等。如果内容确实很多，可以写成两篇乃至多篇文章，这样能让读者较好地利用碎片时间来阅读。文章写好后，不妨学学鲁迅先生的做法，不急于拿出来示人，而是置之抽屉数日，然后拿出来修改完善，再示人。

“文章千古事，得失寸心知。”信哉！

写好自己的教育故事

中小学教师最好的科研是写好自己的教育故事。不同于大学教授或专业科研人员那种“高、精、尖”的科研，中小学教师的科研基本上是行动研究，即在教育教学实践层面做一些经验总结性的探索与研究。这样的科研往往基于问题，来源于教育教学实际，又回到教育教学工作中去，目的在于提升教育教学的质量和品位。我们若能坚持将自己的教育故事写出来，对身边的教育现象做深刻而切实的剖析，这样的科研将是真实而鲜活的，既有意思，又有意义。

怎样用科研方式写好自己的教育故事呢?

一、留心观察，勤于思考

一个班几十个学生，教师首先要做的工作就是摸清学情、检视教情：他们的家庭教育背景怎样？知识积累与对学习的态度如何？性格特点是什么？在这一过程中，教师要留心观察学生的言行举止。他们的言行举止会透露出很多信息，暴露出很多问题，教师要去思考这些信息和问题背后的问题，并把这些问题作为一个个小课题来研究。比如，教师发现一部分学生对文化课学习没有兴趣，不能只把原因指向学生学习态度不端正，心中没有远大理想。可以这样分析：学生不想学、不会学，教师的教学方式方法是否存在问题？是否由原来的“满堂灌”变成了现在的“满堂问”呢？是否忽略了兴趣激发、方法引导和习惯养成呢？教师是否有“以学定教”、学为主体的意识？是否采取了点对点观察、家访、面对面交流等方法？教师把学生对文化课学习没有兴趣的内因、外因查找到位，然后因材施教、对症下药，找到解决问题的途径和方案，就是切合实际的研究。如果教师把培养学生学习兴趣的过程写出来，把它的前因后果、来龙去脉记述清楚，就是用科研的方法写自己的教育故事，这样的故事对其他教师会有很大的启迪作用。

二、遵循规律，善用情智

教师要想写好自己的教育故事，就必须了解教育的本质与目标，遵循教育教学规律，在实施教学的过程中显示自己的教育方法和能力水平。教育的本质是什么？是唤醒，是点燃，是示范。面对身体正在发育、知识正在累积、性格正在形成、精神正在成长的学生，教师只关注学生的文化成绩还是按照教育教学规律行事呢？按说，学校是允许学生犯错的地方，学生也会经常犯错，教师应用怎样的方法让学生认识并改正自己的错误？教师自己犯错了，又该怎样处理？这些都可以用故事的形式真切、生动地表现出来。

非常喜欢于永正老师的《我的教育故事》（上海教育出版社 2018 年版）。在这本书里，于老师回忆起从教几十年与学生交往的点点滴滴，一个个真实、生动的故事，还原了师者的人格魅力。其中有一篇题为《规矩》的文章给我留下了特别深刻的印象。该文详细地叙述了于老师与学生的一次正面冲突，从“不打不相识”到几经周折成为知心朋友，再现了当时的情境，有很强的现场感，突出了于老师刚柔相济、以柔克刚的教育教学智慧。这样的教育故事，没有对事业的忠诚热爱、对学生的真情呵护是写不出来的。

三、及时整理，精于提炼

很多教师心里不时涌起要把自己的教育故事写出来的冲动，可这些故事出现在脑海里时，又常常被其他事情打断。随着时间的流逝，那种感觉难以复原，这是十分可惜的事。因此，如果从教育教学现场获得了好的故事，就要及时记录，认真总结，少留遗憾。

笔者曾与一位教师做过一次推心置腹的交流。这位教师三十多岁时就被评为特级教师。我询问他何以能够做到，他平静地说，每次和学生交流完，感觉有启发，总会把当时的场景及时记录下来；每次上完课回到办公桌前，总会静下心来回顾一下刚刚上课时的情景，想想这节课的得失所在，然后记下来。这样坚持做下来，他感觉自己的教育教学之路越走越宽。我认真阅读他送的书，里面都是他自己鲜活的教育故事和匠心独运的教学案例。这些，对他本人来说是弥足珍贵的资料，对其他教师有很好的借鉴作用。

中小学教师不是不可以去尝试写作论文、提出教学主张、进行课题研究等，笔者只是觉得这些对教师的成长作用是有限的，并且难以持续下去。教师周围每天都有鲜活而精彩的教育故事发生，长期坚持写教育故事可以不断夯实自己的专业基础与能力，丰盈自己的职业生命。

另外，还要特别提醒：教育故事不是文学创作，不能凭借自己的想象去杜撰、编造；教育故事不是通讯报道，不要将其等同于叙说自己的各种“先进事迹”；教育故事也不是“事例加理论”，不能让它们成为“两张皮”，应当让理论蕴含在故事的字里行间。教师要积极动手写教育故事，勤于查阅，善于叙事，勇于反思，坚持不懈。同时，要重视一事一得、夹叙夹议和注重细节等表现手法。如果做到了这些，教师也就走上了教研的幸福之路。

建设属于自己的园地

教师一定要一天到晚、一年到头围着学生转吗？教师不该有自己的空间、自己的园地吗？笔者以为，教师除了做好本职工作外，还应该有自己的园地。那么，教师可以从哪些方面建设自己的园地呢？

一、可以从身体保健入手

身体是工作、生活的本钱，没有健康的身体，一切都是空谈。

学校是一个适合锻炼身体的地方，现在即使是乡村小学，也有比较标准的篮球场和多台乒乓球桌等，关键是教师有没有主动锻炼的意识。如果你经常出现在运动场上，你那敏捷矫健、生龙活虎的样子一定会让学生喜欢。

随着生活水平的提高，一部分教师爱上了旅游、健身，一到寒暑假或法定节假日，他们或自驾游，或随团走，享受锻炼身体与增长见识带来的双重乐趣。一部分教师，特别是女教师，走进瑜伽馆或健身房，坚持健身美体，这值得倡导。试想，女教师们坚持自我保健，以轻盈的步履、匀称的体态、甜美的微笑出现在校园里，将是一道亮丽的风景！在一个朝气蓬勃的校园里生活、工作，所有人都会从内心涌现出幸福的感觉。

二、可以从凸显兴趣入手

明末清初文学家张岱在《陶庵梦忆》一书中写过这样一句话："人无癖不可与交，以其无深情也；人无疵不可与交，以其无真气也。"意思是，如果一个人连一点儿癖好都没有，对什么都是一副无所谓的样子，那么，能指望这样的人对朋友重情重义吗？如果一个人完美到没有一点儿瑕疵，那么，这样圣人般的人能给人真实的感觉吗？

我理解张岱所说的"癖"和"疵"，是一个人应该有的兴趣和爱好。一个对什么事情都不感兴趣的人是无趣的，甚至是可怕的。因此，教师在工作之外，要发展、彰显自己的兴趣与爱好。

我原先在教育局工作，那里有教师合唱团、教师声乐队。每逢重大节日，这些组织都十分活跃，因为素质高、专业性强，他们一出场便深受观众欢迎。有的教师拜当地的书法家为师，通过师父的指导与个人的努力成为国家级和省级书法家协会会员。有的教师爱做公益，经常利用节假日和休息时间去做义工，比如，到养老机构照顾老人，这种无私奉献的大爱情怀让人无比感动和钦佩。有的教师喜欢读书，自觉邀约一批志同道合的人成立读书会，定期分享阅读的乐趣和感悟。有的教师爱好写作，用手中的笔记录大自然的美好，鞭挞社会生活中的不良现象，努力做一个有担当的知识分子。可以预期，学生耳濡目染，将会成为有情趣、有志趣的人。

三、可以从深耕专业入手

为什么有些教师工作不久就有了职业倦怠感？一个重要的原因是，这些教师还没有体会到教师这个职业给他们的人生带来的价值。

一个人如果热爱教师职业，他就会自觉地拓展自己的学科领地，在自己的专业田地里围绕某个点深耕细作。放眼当今基础教育领域，还真有不少教师就是这样做的，这使得他们的园地越来越宽广。

四川省成都市新都一中的夏昆老师多才多艺，10 多年来，他在上好语文课的同时，还系统地为学生开设了音乐鉴赏课、诗词鉴赏课和电影鉴赏课。他对中国古代诗词情有独钟，经常边聊边弹边唱，带领学生在诗词的瀚海里遨游。夏昆老师出版了诗词鉴赏专著《在唐诗里孤独漫步》《温和地走进宋词的凉夜》。他还是中央电视台《中国诗词大会》第一季第五期擂主。

无独有偶，湖南省长沙市雅礼中学有一位叫徐昌才的语文老师，在自己的园地里深耕细作，成绩斐然。徐老师热爱自己的专业，一边教学一边研究，从教以来，在省级以上报刊上发表关于教学探索与文化研究的论文 1000 多篇。他同样特别喜爱唐诗宋词，引领学生沉浸在诗人描述的意境里。徐昌才老师出版了《恋上大唐诗生活》《宋诗赏析——宋朝那些诗生活》《梦回唐诗千百度》等专著。因为持续地研究与写作，他加入了中国作家协会，成为湖南省为数不多的教师作家。

由此可见，一位教师若能拓展自己的专业，在某个园地里坚持不懈，就能做出不俗的成绩。翻阅叶圣陶、朱自清等著名作家的优秀作品，你会发现原来他们当时的第一职业正是教师，写作不过是他们在延伸自己的爱好，以丰富自己的专业。一位语文教师如果能根据自己的爱好和专业需要，给学生开设诸如《诗经》《楚辞》、唐诗、宋词、元曲或外国文学专题，一定会让学生喜欢上语文学科的。

我相信，一位教师有了自己的园地，就可以驱赶职业倦怠，让自己身体健康、精神明亮、学养丰富，享受充实、优雅、丰富精彩的生活。

辑二

深耕课堂，拔节生长

教师在课堂上用什么样的语言和学生交流，真不是一件小事。教师真正做到了目中有人，他的课堂语言就会恰当，就能让学生如坐春风。

“弱水三千，只取一瓢饮”
——谈确定课堂学习目标的依据

要让学生感觉一堂课既有意思又有意义，就要求教师要有明确的课堂学习目标。我相信，每位教师对自己课堂里要达成的学习目标都是有考虑的。从课堂现实情况看，学习目标的确定主要存在以下问题。

一是失之过大。有的教师动辄把课堂学习目标提高到思想政治的高度。其实，这样的大目标必须分解成若干小目标才能真正落实到课堂行为中。

二是失之过多。我曾经听一堂小学语文课，发现教师一节课设定的学习目标有六个之多，这么多的目标显然难以个个落实到位。

三是失之过虚。学习目标应该是师生都明确的努力方向，而且最好是可以检测的。目标如雾里看花，会让人昏昏然。还有的教师把学习目标藏在脑子里、写在教案上，而在课堂上看不出他设定的学习目标是什么。

实际上，了解与掌握学情是教学的起点，确定与落实学习目标是教学的落脚点。有了明确的学习目标，学习活动才会真实而有效。

说到课堂学习目标的确定，我想起了佛经中的一则故事。一天，佛祖在菩提树下问一人：“在世俗人的眼中，你有钱、有势，有一个疼爱自己的妻子，你为什么还不快乐呢？”此人答曰：“正因为如此，我才不知道该如何取舍。”佛祖笑了笑，说：“我给你讲一个故事吧。

某日，一位游客就要因口渴而死，佛祖怜悯此人，置一湖于此人面前，但此人滴水未进。佛祖好生奇怪，问之原因。答曰：湖水甚多，而我的肚子又这么小，既然一口气不能将它喝完，那么不如一口都不喝。”说到这里，佛祖露出笑容，对那个不开心的人说：“你记住，你在一生中可能会遇到很多美好的东西，只要用心把握住其中的一样就足够了。弱水有三千，只需取一瓢饮。”

这则故事告诉我们：面对众多学习内容和有限的学习时间，我们完全可以遵循佛祖所说的“弱水有三千，只需取一瓢饮”。大胆地删繁就简，找准最重要的学习目标，以此确定学习内容。

制定课堂学习目标，要掌握学科课程标准。课程标准是学科教学的指导性文件，是联系课程计划与课堂教学的桥梁，对教师的教学具有直接的指导作用，对课程质量有重要影响。学科教师只有对课程标准了然于心，才能制定出切实可行的学习目标，让学习真实发生。

制定课堂学习目标，要熟悉教材及单元要求。熟悉教材，掌握教材体系，是对一个教师最起码的专业要求。当代小学语文名师、上海市特级教师贾志敏老师谈到备课时强调：“拿到课文后，我总是要先读上好几遍，读准每个字音，读通每个句子。——课文，不但要读通，还要读熟，做到烂熟于心。这样做的好处是能走进文本，把握课文脉络，掌握文章重点，体会作者的思想感情。一个巧妙的教学主意，往往产生于对文本的熟悉。”（《积攒生命的光：贾志敏教育口述史》，华东师范大学出版社 2018 年版）贾老师的一番话，可谓道出了教学真经。同时，教师必须掌握学科单元要求。比如，中小学语文统编教材，基本上以人文主题和语文要素来编排，编者对每个单元要对学生进行怎样的知识、技能、方法和价值观教育都有统筹安排，这些都是教师确定课堂学习目标的重要依据。

制定课堂学习目标，要了解学生的认知水平。教师要目中有“人”，把学生当成独特的“这一个”。学生在不同的年龄段体现出不同的认知水平，他们认知世界有一个相当长的过程。教师要了解学生各个年龄段的认知能力和水平，只有这样才能确定精准的学习目标。

确定课堂学习目标，要考虑的因素很多，但主要考虑以上三个方面。确定课堂学习目标，教师应该秉持简明、切实的原则，既要考虑学科的连续性，又要让学生跳起来能摘到果子。

学生自主学习时教师做什么
——谈课堂中教师的角色意识

课堂中教师对学生的学习仍然起举足轻重的作用。那么，学生在课堂中自主学习时，作为“首席学习者”的教师应该干什么呢？

笔者专门对课堂中学生学习（包括读书、思考、讨论交流等活动）时教师的状态进行过观察。现就看到的10节中小学语文阅读课上的一些问题做些探讨。这10节语文阅读课，均体现出新课程“学为主体”“以学定教”的理念，体现出语文学习“精读博览、勤写多练”的基本路数，教师注意让问题从学生中来，到学生中去。但是，当学生读书（包括默读、自由朗读和齐声朗读等形式）、思考和讨论交流时，我所观察到的情况是，有的教师在说完一句“下面3分钟请同学们读书（思考、讨论）”后，放下手中的教材，在座位行间来回走动，有时还低下头对正在读书的学生做倾听状；有的巡查时嘴里还念念有词——“要画出重要的词句”“要读出感情来”；有的不停地看手表，期盼时间赶快过去；有的两眼漠然地望着窗外；等等。

总之，教师主要呈现出两种状态：一是喋喋不休，生怕学生不明白学习要求，浪费了时间；二是优哉游哉，觉得反正学生在学习，自己正好休息休息。这两种都不是学生自学时教师应有的状态。教师在施教时也是学习者，而且是“首席学习者”，所以，教师要把自己摆进去。

学生读书时，教师应该是一个阅读者。教师绝不能以为这些内容自己读过很多遍了，备了课，做了充分准备，课堂上只要监督学生认真学就行了。教师一定要明白文章常读常新的道理。课堂上学生读书时，教师不能仅仅做学习监督者，而要自觉地捧起书来读。这样既可以给学生做示范和榜样，又可以通过自己阅读把握好时间，还可以获得新的见解。

学生思考时，教师应该是一个思考者。课堂上经常出现这样的情况：教师把备课时预设的问题呈现出来，要求学生认真思考，接下来教师一会儿说“明白要求了吗”，一会儿说“课文中有个关键词可要留心哪”。这样时不时地提醒思考中的学生，实则是在干扰他们的思维。我在观课时多次目睹学生对教师的这种提醒摇头、皱眉。正确的做法是要求学生思考 3 分钟，教师就要自觉闭嘴 3 分钟。同时，教师要进入思考者的角色，比如，反思课堂中的生成情况以及教学设计中存在的不足等。

学生讨论交流时，教师应该是一个参与者。课堂上，教师常常会运用小组合作学习的形式，提出一些问题让学生分组讨论。很多时候，教师抛出问题后就置身事外，做起了旁观者。等到讨论时间结束，叫起小组代表说说本组学习的成果，这个时候教师热衷于做一个评判员。其实，在讨论交流环节教师不应是旁观者和评判员的角色，而应该是参与者。教师可以自始至终参与一个小组的讨论，在讨论中亮出自己的观点。当然，教师在小组内应该最后一个发言。如果没等学生说完教师就抢先发言，会给组内学生造成心理压力，不利于讨论交流。教师在听完学生的发言后，要认真而诚恳地表达自己的想法。这样的课堂生态，学生是乐见的。久而久之，我们所渴望的民主平等的师生关系就会形成，我们所期待的批判性思维、创造性思维就会涌现。

学生自学时，教师要自觉地把自己摆进去。首先，教师要有深厚的教育情怀，这种情怀既表现在对自己所从事职业的归属感上，又体现在对所有学生的真诚关爱上。其次，教师要有强烈的学习意识与良好的学习能力，否则难以起到示范和表率作用。再次，教师要让学生认识到：学习是一个过程，是一辈子的事，师生都是通过不断学习才得以成长的。

热闹的电子白板与寂寞的黑板
——谈课堂中教学设备的有效使用

近年来，大部分学校教室里多了一样物品——电子白板。

电子白板这个现代化学习工具，增强了学习内容的丰富性，实现了学习形式的多样性。比如，一堂语文课中，既有名家的示范朗读，又有生动的视频片段等。

教师利用电子白板，按照事先准备的流程教学，学生成了一个个无须动手动口，只需跟着走的观众。听课者恍然大悟：这不成了翻版的“牵牛式”教学吗？

笔者看到的一些课堂，一是教学内容被电子白板“绑架”。因为过度依赖预设，教师在电子白板上一步步呈现学习内容，当学生发表不同意见时，教师往往简单带过或不闻不问。二是教学环节被电子白板“绑架”。电子白板呈现的往往是固定的教学环节，在教学过程中若学生思维活跃，偏离教师预设的环节，有的教师会想方设法把学生的思维“引进”预设圈，有的教师则硬生生地把学生的思维“拉入”预设圈。三是教师的行为被电子白板“绑架”。一些教师为适应电子白板的呈现形式，生硬地把完整的文本切成几块，把原本丰富、饱满、充满无限韵味和魅力的教材与课堂弄得七零八落。在这样的课堂中，教师和学生隔得很远，看不出教师作为“首席学习者”应发挥的作用。

与热闹的电子白板相比，黑板显得有些寂寞，仿佛成了课堂上多余的物件。笔者经常看到，一节课下来，有的教师只在黑板上板书一个课题，有的一字未写。

为什么现在很多教师无视黑板的存在，不让它发挥应有的作用呢？笔者以为，主要有三个方面的原因。一是教师的教学基本功较差。以前的师范生在学校里必须参加“三笔字”（粉笔字、钢笔字、毛笔字）考试，考试及格才能拿到毕业证。近年来，随着技术的进步，“三笔字”等教学基本功开始变得不那么受重视了。一些教师的字拿不出手，也就羞于板书。殊不知，板书是一个教师的门面！二是忽视了学生的主体作用。一些教师只重视电子白板的作用，囿于预设，虽然不时地让学生交流互动，但实际上并没有发挥学生的主体作用。三是低估了学生的智力水平。任何一种预设都只是教师的一厢情愿，课堂上肯定经常有无法预想的情况发生。一些教师对学生问答过程中闪现的智慧火花，往往简单带过，只想着如何将学生的话语和思维纳入电子白板上预设的窠臼。

在信息时代，黑板仍然具有重要的作用，它在课堂教学中的功能不容忽视。

第一，可以记录学生的思维过程。教师在引导学生学习的过程中，可将学生表达的那些有新意、有创意的字、词、句等适时地板书到黑板上，以便引起更多学生的注意、思考。

第二，可以呈现学生的学习成果。学生深入思考后，会产生丰富的、多元的学习成果。“未曾预约的精彩”更显精彩！教师把学生的学习成果板书到黑板上，让学生自己去分析、鉴别、总结、提升，会让他们有满满的存在感和获得感。

第三，可以测评学生的学习效果。一位优秀教师的课堂应该有实时反馈的环节。教师可以在黑板上对一节课的学习目标、学习重点等及时进行检测和反馈，让师生双方都清楚在这节课上，学会了哪些知识，培养了哪些能力，提升了哪些素养。

由此可知，电子白板、黑板都是辅助我们学习的好工具，都有各自的作用。我们既要凸显电子白板的魅力，也要发挥黑板的功能。如果说电子白板代表预设，体现的是教学的计划性，那么，黑板则代表生成，体现的是教学的开放性。我们在教学时要把握好它们之间相辅相成的关系，决不能偏废。

是“汇报”还是“分享”？
——谈教师的课堂语言

走进教室听课，我发现有些教师的课堂语言很随意。当然，教师了解学情，与学生有良好的感情基础，说话随意点儿也是无可厚非的。可有些教师的课堂语言值得商榷。一次，我去一所小学听四年级的语文课，教师在引导学生阅读课文后，抛出一个问题，要求学生小组讨论。三分钟后，叫起来一位学生：“×× 同学，请你向全班同学汇报一下你们小组刚才讨论的结果。”我以为自己听错了，教师让学生“汇报”？直到学生站起来说“我向大家汇报我们小组的学习情况”，我才确定教师和学生刚才在交流过程中使用了“汇报”一词。

教师和学生此时此刻用“汇报”一词错了吗？乍一听，好像没有错。可仔细分析，又觉得师生在课堂交流时用这个词不妥。“汇报”一词，多用于行政部门下级就相关工作向上级报告。请问，教师和学生是上下级关系吗？显然不是。我们主张平等的师生关系，只有这样教育才会真实地发生。既然师生关系是平等的，那同学关系就更不用说了。在这种平等关系下，双方交流时用“汇报”就显得别扭和不妥了。

也许有人会说我这是小题大做，不就是一个词、一句话吗？有那么重要吗？古人有言：言为心声。笔者以为，教师的课堂语言会彰显其教育价值取向。教师说“汇报”在前，学生紧接着说“汇报”，这不利于构建民主平等的师生关系。

记得多年前读过联合国教科文组织1996年发布的一个报告《学习：内在的财富》。该报告强调，所有的有组织的学习都应该给予“四大支柱”同等的重视。二十多年过去了，“学会求知、学会做事、学会做人和学会共处”这四大支柱在一些中小学校园里还没有很好地落地。其中，“学会共处”要求培养学生的合作、分享意识。

在课堂教学中，让每个组派代表展示学习成果时，教师说“请××同学代表你们组分享刚才讨论交流的成果”，不是很好吗？有一句话是这样说的：你有一个思想，我有一个思想，彼此交换，我们每个人就有两个思想，甚至多于两个思想。这不正是分享的力量吗？

我还见过这样的情况：课堂上，教师讲述完某一段落或某个章节后，问学生：“你们听明白了吗？”边说边用食指指向下面的学生。学生看到教师的手指指向自己，急忙怯怯地回答“听明白了”。初听这话，感觉不出有什么问题。教师及时反馈，有什么问题呢？仔细想想，“你们听明白了吗”反映的是以教师为主体而不是以学生为主体的思想。这句话的潜台词是：我讲明白了，我的责任完成了，你们听没听明白那是你们自己的事了。

一位优秀的教师，总会自觉地反思自己的言行。在另外一堂课上，出现了同样的情景，我听到教师这样问学生：“我讲清楚了吗？”我当时就为这位教师竖起了大拇指。“我讲清楚了吗”，短短的6个字，体现出这位教师的教育态度、亲和力和反思精神。

从以上事例可知，教师在课堂上用什么样的语言和学生交流，真不是一件小事。教师真正做到了目中有人，他的课堂语言就会恰当，就能让学生如坐春风。

尽量让每个学生都有发言的机会
——谈课堂中对学生发言次数的调控

经过近二十年的基础教育课程改革，现在课堂中“我讲你听”“一讲到底”的情况基本上看不到了。走进课堂，我们明显感到教师的问题意识强了，学生小手高举的时候多了，回答问题的机会也多了。特别是在小学低年级的课堂上，教师的问题刚出口，学生的小手就举起来了，有的学生还试图站起来，争着说：“我……我……”这时，我想教师是愉快和幸福的。

我发现了一个问题，一堂课上有的教师请同一个学生回答问题达七八次之多，而很多学生一次回答问题的机会都没能获得。为什么会出现这样的情况呢？这是因为教师没有真正把面向全体学生落实在教育行动中，眼里只有思维活跃、发言积极的少数学生。

小学低年级的学生往往喜欢表现，对教师提出的问题，不管自己想清楚没有，都会积极举手要求回答。如果他们的回答总是获得教师与同学的肯定和表扬，他们就会一次又一次地举手要求回答问题。

如果教师总是把回答问题的机会给少数学生，长此以往，你的课堂里举手发言的可能就只是那么几个学生。大多数学生因为长期得不到发言机会，得不到教师的关注与肯定，可能会慢慢失去学习兴趣。

我曾在《中国青年报》上读到过一篇论述差生、差师的文章。这篇文章的作者可能是位家长，这位作者在文中写道：孩子去学校之前一切正常，没有半点儿“差”的表征，就是在“差师”的教育下，孩子包括学习成绩在内的各个方面才慢慢地“差”起来。因此，先有“差师”，后有“差生”。教育主管部门和学校领导，请先把这些“差师”教育好，再让他们去教育学生。我无意把对学生发言次数调控不力的教师归于“差师”之列，很多时候只是教师没有意识到这个问题而已。如果教师忽视这个问题，可能就会导致“学困生”出现。

人总是渴望与别人交流，我就是一个喜欢和别人交流的人。前不久，和一位出租车司机聊天，聊到某个话题时，我问他是什么学历。这位年近半百的司机深深地叹了一口气，说道：“不好意思，我在老家只读到初中毕业。”说完，他摇摇头，一副有苦难言的样子。作为一个教育工作者，我想一探究竟。我问他：“是因为家庭困难读不起书，还是自己厌学不想读？”他说：“小学时我的学习成绩不错。后来到了初中，课程多了，我也算努力。可老师和老师之间有差异呀！”我说：“你这话怎么讲？”他继续说：“初中时语文、数学老师都还好，课堂上还经常向我提问。我长得高，坐在后排，三年时间里英语老师没有向我提过一次问，上课时巡查，走到我前面的座位旁边就转身了。我在她的课堂上是一个多余的存在。慢慢地，我就厌恶英语，厌恶这个老师。中考时英语只得了 20 多分，最后只考了个职业高中，就没去读了。”

出租车司机的故事让我感到课堂上教师调控学生发言次数真不是一个小问题。如果教师不处理好这个问题，慢慢地，有些学生可能就会丧失对这门学科的学习兴趣和信心。没有了学习兴趣和信心，学生就可能会厌学、辍学。

怎样来处理这个问题呢？我以为，在一堂课上，教师最多给一个学生三次发言机会。如果有的学生已经发言三次，还是不停地举手要求回答问题，教师不妨走到他的身边，摸摸他的头，或向他竖起大拇指，亲切地说：“今天你的表现真棒！但是接下来的发言机会，我要留给那些还没有发言的同学。”这样处理，既不会伤害这个学生的学习积极性，又把余下的机会给了其他同学。这个方法简单易行，老师们不妨试一试。

“司空见惯”与“耳目一新”
——怎样让课堂有新鲜感

做了大半辈子教研工作，下校听课是一种工作常态。一年下来，总要听上好几十节甚至上百节课。有一些课留在了脑海里，不经意间想起还回味无穷，而更多的课司空见惯，没有给我留下什么印象。

为什么有些课会给人司空见惯的感觉呢？

首先，有些教师缺乏应有的职业态度和职业精神。当前，一些中小学教师对自己所从事的职业缺乏认同感。有的大学本科毕业，自我感觉教中小学乃小菜一碟，不需要怎么用心用力。另外，互联网的出现助长了一些教师的惰性。受诸多因素的影响，一些教师的工作出现了随意性，对他们来说，教书就是混个饭碗，得过且过。

其次，有些教师没有仔细研读课程标准和教材。一些教师读课程标准，就像读小说一样一晃而过，没有做到字字斟酌、句句推敲，深刻领会、全面掌握。对教材，也没有做到整体建构、烂熟于心。临到上课时，一些教师采用“拿来主义”的方法，将现成的教学资料拿来，抄到自己的备课本上，以应付学校检查。还有的从网络上下载现成的教案，直接搬进课堂。这样的课堂，怎么不会让人感觉味同嚼蜡呢？

怎样才能让课堂给人耳目一新的感觉呢？

首先，要多一点儿职业归属感。在现实情况下，教师的政治地位、工作环境和生活条件与预期还有距离，这让一部分教师感到迷茫乃至失去动力和方向。教师应该对自己所从事的职业给国家、民族发展带来的影响有清醒的认识。“捧着一颗心来，不带半根草去”，也许只有像陶行知这样的教育家才能做到，但起码我们要干一行爱一行专一行，如此才对得起自己的良心。

其次，要持续锤炼专业学习力。只有不断锤炼专业学习力，你的课堂才可能给人新鲜感。在这里，我要说说当代语文教师的表率于漪老师。熟悉于漪老师的人都知道，于老师在大学里学的是教育学，被分配到中学后学校安排她教语文。于老师愉快地接受了教学任务，立马找来整套初、高中语文教材，一篇又一篇、一册又一册地读，从初读到精读，再到研读。她在写教案之前不看任何参考书，而是自己动手写下关于每篇课文的分析文章，然后再去找参考书对照比较，看哪些是自己分析到了而参考书上没有讲到的，哪些是参考书上讲到了而自己没有想到的，哪些是自己和参考书“英雄所见略同”。这样一轮下来，于老师在较短的时间内就掌握了初、高中教材，没多久于老师就成为学生喜欢的老师。

再次，要有不畏艰难的钻研精神。在这个方面，不得不说说近40岁时从教体育改教语文的当代小学语文教育名家支玉恒老师。俗话说，隔行如隔山。从教体育改教语文，跨度不可谓不大，何况支老师当时近40岁了。支老师凭着一股不畏艰难的钻研精神，克服一个又一个困难，拔掉教学路上的一颗又一颗钉子，使自己的教学技艺日臻成熟。谈到自己研读课文的经验时，支老师写道：先以普通读者的角色阅读课文第一遍，找出文章中最打动自己的一点，记录下来作为教学的重点；再以语文教师的角色阅读课文两至三遍，提炼出全文的人文点和语用点，并把它们作为和学生交流的话题；后以学生读者的角色再读课文一两遍，找出不认识、不熟悉和应该掌握的字词。支老师就是这样认真对待每一篇课文，带着自己独特的感受和体会走进课堂与学生交流的，他的课堂给人常听常新、回味无穷的感觉。

最后，要有反思精神。一个教师走在成长、成熟、成功的路上，反思非常重要。反思又分课前反思和课后反思。课前反思包括对学情是否了解、学习目标是否适切、学习过程是否简洁明了、是否安排了实时反馈环节等。课后反思包括学习目标的达成度、学生的参与度、学习效果如何等。在教育教学的路上，教师若能经常“自以为非”，不断修正，学生就会慢慢喜欢上这门学科，师生都会有“每天的太阳都是新的”的感觉。

当然，要想让课堂给人耳目一新的感觉，教师除了要做到以上几点外，还要具备了解、掌握学情的能力和良好的口头表达能力等。没有对学情的准确掌握，课堂就可能出现“两张皮”的状况。没有良好的语言表达能力，教师就可能出现茶壶里面煮饺子，有“货”吐不出的情况。

要想让课堂给人耳目一新之感，教师就应该有“上好一节课要做毕生准备”的意识。于漪老师说“我上了一辈子的课，没有一节是十全十美的。我的课都是省略号，没有句号”，我们也要有这样的境界。面对课堂，唯有不断学习、研究、反思、总结，方能“苟日新，日日新，又日新”。

课堂是经常出错的地方
——谈课堂中的辨错与纠错

课堂是一个容易出错的地方。教师要不断锤炼自己的辨错、纠错能力，及时发现学生在课堂中出现的错误并予以纠正。本文对小学生在语文课堂中容易出错的几种情况及纠正方法分别进行阐述。

一、错误的学习行为及纠正

学生错误的学习行为主要表现在读、写两个方面。

在读的方面，一是学生对教材里出现的生字、新词读不准确。二是教师要求自由朗读课文时，学生不自觉地齐读。这与我们经常对事情做“整齐划一”的要求分不开，学生习惯了“齐步走”。三是学生朗读文章时不按正常的语速读，拉长语音、语调，让人听起来感觉十分别扭、难受。面对这些错误，教师要和学生一起找出原因，并通过教师范读等形式帮助他们去纠正。

在一次教学研讨会上，支玉恒老师上示范课，在指导学生朗读课文《桂林山水》的片段时，支老师发现学生朗读时拉长腔调，不在正常的节奏上，立马示意学生停下来，自己范读了一个段落。之后带着学生一句一句往前读，读完让学生比较哪种朗读方法听起来悦耳。学生意识到了错误，在接下来的朗读中有明显的变化。支老师确认这个问题解决了，才按计划领着学生学习后面的内容。课后，我和支老师交流。谈到这个细节时，他说，如果学生没有意识到这种拉腔拉调的毛病，没有改正的行动，他就会抛开原来制订的教学计划，一节课就用来教学生如何正确朗读课文。

在写的方面，错误行为主要表现为笔顺不清和添减笔画。针对这些情况，教师要充分利用好黑板，通过自身示范等方式，从汉字构成和书写习惯等方面加以指导，让学生认识自己在这方面的错误并及时改正。

二、对学习内容的错误理解及纠正

学生对学习内容的错误理解主要表现在以下三个方面。

1. 对字词的理解有误

比如，人教版旧版六年级语文教材里有一篇课文《伯牙绝弦》，文章开头有一句“伯牙善鼓琴”。在一次听课时，我发现学生把这句话中的“善”理解为“善良”，把“鼓”理解为“锣鼓”的鼓。教师没有直接说学生理解错误，而是要学生联系整个句子去读、去解释。然后教师分别板书这两个字的解释项：“善”有“善良”“善于、擅长”等意；“鼓”有“锣鼓”“弹奏”等意。学生根据教师的引导联系上下文和整个句子去理解，找到了正确答案。

2. 对句子的理解有误

仍以《伯牙绝弦》为例，文中有“伯牙鼓琴，志在高山……志在流水……”。起初学生对此不甚了了，站起来回答教师的提问时，一个学生说，伯牙弹琴的志向是走上高山、走向江河。教师面对这样的回答没有表现出不耐烦，而是和学生互动。教师说原文，学生解释其意思；然后，教师和学生互换，让学生说原文，教师说出其意思。这样抽丝剥茧，层层推进，学生终于明白了这几句话的意思：伯牙弹琴时，心里想着巍峨的泰山，想着宽广的江河，他的朋友钟子期都能感知、领悟到。

3. 对课文内容的理解有误

如《伯牙绝弦》叙述的是一段古人结交朋友、珍视情谊的千古佳话，可在课堂学习中，十来岁的孩子对此往往并不十分理解，对这种纯真的情谊把握不准。面对这种情况，教师要带领学生仔细阅读课文，反复揣摩其中的含义，让学生从中受到启发。

三、其他方面的错误及纠正

其他方面的错误主要表现为学生的坐姿、站姿，整理课桌等行为不合规范。一位用心的教师，他会时时处处注意学生学习以外的一些行为，培养学生良好的习惯。对课堂上学生不良的坐姿、站姿，他会及时提醒并要求学生立马改正。如果学生的课桌很乱，他会要求学生及时整理。

课堂，是一个经常出错而且允许出错的地方。教师不要怕学生出错，关键是要有发现错误的意识、辨析错误的能力和纠正错误的行动，并给学生做出示范。

课堂中纠错的方法很多，这两种方法经常用到。

一是同学之间纠错。学生出错了，聪明的教师往往不会急于纠正学生的错误，而是发挥众多“小老师”的作用，让学生帮助学生，引导他们通过交流分享得出正确的答案。这比教师直接指出错误、给出答案要好。

二是教师及时纠错。如果学生限于阅历和能力无法实现互帮互学，这时教师可以出场施以援手，引导学生发现错误、找出原因、对症下药。

见树木，也要见森林
——谈教学内容的处理

“语文不止语文课”“语文不止语文书”的观点，现在已被大部分语文教师接受。加强中小学生阅读能力的培养，成为当下很多语文教师的教学着力点。因此，教师注重整合各种学习资源，让学生在学习教材的同时，阅读一些与教材在语用方面和人文方面有关联的文段、文章。于是，我们看到的课堂，容量增加了，形式更活泼了。

做事就怕顾此失彼，教学也是这样。一些教师有了在课堂里让学生多接触阅读材料的意识，却没有把教材作为一个整体去看待，往往只是取教材中的一些段落作为教学内容，只见树木而不见森林。

前不久，看一位教师上《美丽的小兴安岭》。课堂上，教师和学生一起朗读文中的生字新词后，直接安排学生自由朗读课文第二、三自然段，画出这两个段落中最能表现小兴安岭美丽的句子。片刻之后，师生一起找出了表现小兴安岭美丽的句子。然后教师让男生、女生分别朗读描写春天和夏天的段落，找出小兴安岭这样一座巨大的宝库中的“宝物”。学生找出了白桦、栎树、松柏、山葡萄、蘑菇、木耳、人参等。一堂课下来，教师没有让学生完整地读一次课文。

在学生还未全面理解并掌握课文内容时，教师就要求学生延伸阅读事先准备好的《大自然的声音》一文，并提出阅读要求：一是找出文章中的关键句子，二是思考文章围绕关键句子讲了哪三个方面的内容。这里同样是取文章中的某些段落来分析，而没有让学生通读全文。在学生貌似掌握了这篇文章三个方面的内容后，又来一篇延伸阅读文章《美丽的南沙群岛》，要求学生给这篇文章写一个结尾。

这样的阅读课，看似增加了教学内容——在40分钟里学了三篇文章（实际上只是片段学习），表面上是在落实《义务教育语文课程标准》（2011年版）所倡导的“课外阅读课内化”的理念，可从课堂表现看，任何一篇都没有落实好。而且，整堂课都是师生简单问答，缺少学生对文章优美文字的咀嚼与涵泳，少了最不应该少的“语文味”。如此“急行军”式的阅读教学，值得深思。笔者以为，以下几点应加以重视。

一、让学生读好教材

教材是国家意志的体现，无论你手上有多么丰富的学习资源，在课堂上，你都一定要引导学生读好教材，理解并掌握教材。如何落实这一点？一是深刻理解编者的意图，确定教学重点；二是疏通教材与教师、教材与学生、教师与学生、学生与学生之间的对话渠道；三是进行适当的延伸拓展阅读。须知，教材是传授知识、培养习惯、涵养情操的源泉，在教学中教师一定要充分发挥教材的作用。

当下有一种现象令人忧虑，就是“轻师轻书”。“轻师”就是轻视教师的主导作用，“轻书”就是轻视教材的“主源”作用。比如，一些教师滥用信息技术，在课堂上没有给学生充足的时间和机会亲近教材。这实际上是舍本逐末的做法，长期忽视教材的作用，学生就无法构建比较完备的知识和能力体系。教育部统编本中小学语文教科书问世后，总主编温儒敏教授和一些语文教育专家都倡导“1+X”阅读教学模式，要求在学生学好“1”（教材）的前提下，如果学生学有余力，在课堂里加上一个“X”（“X”表明阅读内容和数量的不确定性）。教师只有按这个模式去教学，才能真正扩大学生的阅读量，继而激发他们的阅读兴趣，帮助他们养成良好的阅读习惯。

二、让学生掌握全文

有的教师片面理解“要增加阅读量”这一要求，只在“量”上做文章，忽视了课文是最重要的学习资源，忽视了引导学生了解与掌握整篇文章。比如，在上述课例中，教师首先不是要求学生默读或朗读全文，对文章有一个大概的了解，而是一开始就取其中的段落，让学生从段落出发去寻找所谓的关键句。

在学生对全文缺乏整体了解的情况下，即使有学生找出了关键句，在很大程度上也是蒙的。

这样的教学没有遵循学生的认知规律，必然效率低，师生所乐见的水到渠成的情况不太容易出现。学生被教师牵着、拖着走，学习过程往往不顺畅。因此，在阅读课上，教师不要急于分割完整的文章，而应该花一定时间让学生先了解、掌握全文。学生对文章有了整体的认知，接下来的学习就会流畅而愉快。

三、让学生学有所得

教是为了学生的学，因此，教师要让学生真正学有所得。在上述课例中，一节课下来，学生貌似学了三篇文章，可我感觉学生只获得了一些零碎的知识。在40分钟的课堂时间里，从阅读到写作，这种大跨度、大容量的教学，小学生真的接受得了吗？从现场情况看，没有几个学生能够完成最后的写作任务。这个结果，我想教师应该能预料到。既然如此，就没有必要制定如此多的学习目标。

确立以一篇带多篇的教学形式是值得赞许的。就上述课例而言，也许可以确定两个学习目标：一是通过各种形式的读，让学生品味这三篇文章语言的优美，继而感受汉语言的魅力；二是通过对课文的整体把握，让学生感受祖国幅员辽阔、地大物博。如果能够完成这两个学习目标，让学生真正学有所得，这就是一堂效率很高的课了。

暂停，是为了更好地前行
——谈对课堂节奏的把握

信息时代的今天，给人的感觉是诸事都快。一些中小学课堂教学给人的感觉就一个字：赶。有的教师一脸慌乱走进教室，走上讲台。然后，赶着学生了解学习目标，赶着学生读课文，赶着学生回答教师预设的相关问题…… 上一个环节的学习内容还没有很好地落实，下一个环节的学习内容就急匆匆地呈现在学生面前。有时候，教师看到学生跟不上节奏，只好由“赶”改为“牵”，牵着学生往前跑。就像参观某一景点，导游领着一群游客急忙赶路，完全忽视路上的景致一样。到了景点，导游为了尽快完成任务，匆忙一顿解说。这样的旅游，注定收获不多。这样赶着、牵着的课堂，教学效率注定不高。

那么，如何有效地把握课堂教学节奏呢？我以为可以从以下方面考虑。

当学生的思维处于凝滞状态时按下暂停键，让他们充分思考。对新的学习内容，学生理解起来是需要时间的。当学生的思维凝滞不通的时候，为了往前赶，有的教师将有些问题跳过去，有的教师直接给学生答案。有经验的教师则会关注学生在学习过程中的反应，他们不会埋怨学生，而是放慢节奏，及时按下暂停键，给学生充分思考的时间。在这一过程中，教师不会唠叨，也不会在座位行间走动，以免干扰学生的思维过程。在学生思考时他自己也会思考，学生为什么会在这样的地方出现思维凝滞的情况，是教材本身的问题，还是教师预设不周的问题等。放慢节奏，和学生一起思考，师生都会有所收获。

当学生顺利完成某个目标时按下暂停键，让他们回味、总结相关学习方法和规律。当学生较快、较好地完成一个学习目标时，教师应该往前赶还是按下暂停键呢？有经验的教师一般会选择后者。依据教育心理学，未成年人的注意力集中时间一般在一刻钟左右，超过这个时间，学生就容易分散注意力，从而影响学习效率。这时，教师不妨放慢节奏，让他们或独立思考，或小组讨论，或干脆玩一会儿。这样做看似浪费时间，实际上是为了让学生保持学习兴趣。

卢梭在《爱弥儿》里说："不仅不应当争取时间，而且还必须把时间白白地放过去。"他认为，有时候，对儿童的教育是可以"消极"的。有的教师深谙此理。有一年到山东学习，听一位年过半百的男老师上小学语文公开课。这位教师引导三年级的学生学完一段文章后，大声宣布："同学们，刚才大家的表现太棒了。现在休息两分钟，大家可以站起来踢踢腿、弯弯腰，可以和同桌说说话。"两分钟过后，教师又说："刚才我们有滋有味地学习课文，现在请大家花三分钟，找出至少一条学习方法，等会儿大家一起分享。"在教师不经意的调控中，一堂课下来，学生始终处于学习的兴奋状态。我以为这是一位懂学生、有智慧的教师，是一位课堂节奏调控大师。

让学生经常体验成功的喜悦，是使他们保持学习兴趣的关键。笔者曾经多次到上海、江浙一带去参访中小学校，看到很多教师在课堂上组织学生学习十多分钟后，会主动地暂停下来，走到学生中间，和学生一起唱一首歌，做一个小游戏。之后，再来学习下一阶段的内容。据我观察，学生非常喜欢教师这样做，在接下来的学习过程中，学生的情绪高涨，注意力集中。我感觉这些教师是真正理解课堂教学的意义的。

不仅在小学课堂上可以按下暂停键，中学乃至高三的课堂上也可以这样做。语文特级教师、杂文家吴非老师谈到自己的课堂教学时说：回顾自己几十年的教学，很少情况下将一节课看作一个完整的时间单位，总是要在课堂中有意“打岔”（暂停）。比如学习文言文，在引导学生掌握文章内容后，就“岔”开说点儿别的，既可以让学生说说前一天国际上发生了什么大事，也可以让他们说说学校里有什么值得关注的事，“岔”开几分钟后，再来学习课文内容。这样做，看似白白浪费了几分钟学习时间，实际上，一是让学生绷紧的思维之弦得到松弛，二是培养了学生对身边事物的观察能力，三是锻炼了学生的语言表达能力。

在这个快速发展的时代，不少人把局促、焦虑写在了脸上，很多教师也把这种情绪带进了课堂中。比如，在快读、快写、快步向前的意识驱动下，学生的字、词、句、篇等基本知识和听、说、读、写等基本能力得不到很好的落实，一节课下来，往往给人“雨过地皮湿”的感觉。长此以往，学生的核心素养难以落实。因此，在课堂教学中，教师要适时按下暂停键。暂停，是为了更好地前进。

教学中如何化“隔”为“融”
——谈课堂中师生关系的协调

“隔”与“融”两个字，从字形上看，有一半是相同的。可在生活中，“隔”与“融”却是两种截然不同的状态；在课堂教学中，“隔”与“融”呈现出两种不同的教学境界。

走进课堂，我们发现有的教师很努力，课前准备充分——课件精美、导语煽情、肢体语言丰富，可学生并不领情，在座位上木木地看着教师激情飞扬、滔滔不绝。任凭教师使出浑身解数，学生还是无动于衷。这般启而不发、推而不动是谓“隔”。在这样的课堂上，教师很辛苦，学生很受累，教学效率不言自明。

为什么课堂上教师的教与学生的学会出现“隔”的情况呢？究其原因，笔者以为有以下几点。

一是教师的角色意识使然。课堂上，有的教师还是有点儿放不下“为师”的架子，总有一种优越感写在脸上，缺乏俯下身子、平等对待学生的意识。学生望着这样的教师，心里有说不出的压抑，哪里有心思、胆量和教师平等交流？

二是教师的业务素养使然。教师的课前准备看起来很到位，但从实际教学过程可以看出，教师课前并没有钻研课标、深耕教材，课堂上依葫芦画瓢，很多时候只是“隔靴搔痒”而已，难以与学生对接、融合。

三是师生情感隔膜使然。教师课前没有仔细研究学情，课堂上没有儿童意识与立场，一套成人话语系统让学生听得很吃力。学生半懂不懂的，也就不知道如何“发”、如何“动”了，课堂上师生之间就这样“隔”着。

怎样的课堂才会让人感觉其乐融融呢？笔者以为教师在课堂内外应该做好以下几件事。

其一，在课堂上教师应该定位为一个学习者。特级教师于永正先生谈到自己的教学体会时说，感触最深的一点就是先将自己置于学生角色，乐此不疲地参与到学习过程中，和学生一起进入文本。于老师坦承自己就是一个长大了的儿童，围绕课文和课文以外的人文精神和语文要素，师生相互提问，相互回答，相互指正，相互肯定。在一些名师大家的课堂里，教师的语言表述多用“我们”“咱们”，而少用“你”“你们”。这看起来只是一字之差，却是课堂中“隔”与“融”的分水岭。用“我们”“咱们”，是教师将自己摆进了学生这个集体中间，学生乐于接受。而用“你”“你们”则给人居高临下之感，“隔”的痕迹就出现了。

一次听课，教师设置了一道口头表述题——“你眼中的父亲”，学生回答时都是用“我眼中的父亲”。我当时就想，教师为什么要用“你眼中的父亲”设题呢？这不让人一下就感到“隔”了吗？接下来，教师让几个学生分别说出各自眼中的父亲，之后就引导学生学习课文了。其实，这时教师不必急着学课文，可以把自己摆进去，趁着这么好的氛围说说自己眼中的父亲。这样，会让学生觉得教师是一个真实的存在，与他们一起学习、成长。

其二，教师要修炼好教学基本功。一次，听特级教师贾志敏先生的公开课。课堂上有一个环节，贾老师指导学生用教材上的三个词表述意思完整的一段话。学生积极思考，踊跃发言，课堂氛围轻松愉快。前面两个学生站起来很好地完成了任务，轮到第三个学生时，她还未站起来脸已通红，站起来之后迟迟不说话，课堂气氛一下子好像凝固了。这时，只见贾老师轻手轻脚地来到这个学生边上，俯下身子亲切地注视着她，用欣赏的眼神鼓励她大胆说出心里想要说的话。这个学生刚开始说得断断续续，词不达意。贾老师一直站在她身边鼓励她，帮助她梳理思路。这个学生在贾老师的鼓励、启发下慢慢镇定下来，一遍，两遍，三遍，越说越好，直到说第五遍，才把意思说清楚。贾老师和全班同学都由衷地鼓起了掌，课堂气氛在贾老师的调控下又融洽起来。优秀教师的教育智慧在这里得到充分展现。

课后，贾老师谈这堂课的教学体会，他说道：让一个学生学会表达这个环节整整用去 5 分多钟，也改变了课前的预设。这堂课不完美，甚至可以说没有完成教学任务。但是，让一个平时不爱说话的学生学会清楚表达，让每一个学生融入轻松愉快的学习氛围中，是每个教师经常要思考的。教师只有深刻理解学科性质，掌握教材体系，理解不同年龄段学生的心理，夯实教育教学的基本能力、素质，才能在课堂上做到圆融自如、左右逢源、游刃有余。

其三，教师在课堂内外要投入爱心与真情。关于教育教学中教师的爱心与真情，教育家们有很多论述。我最欣赏著名教育家夏丏尊先生在《爱的教育》序言中的一段话："教育上的水是什么？就是情，就是爱。教育没有了情爱，就成了无水的池，任你四方形也罢，圆形也罢，总逃不了一个空虚。"爱不是迁就，面对学生在课堂上出现的问题，教师应该及时提醒并予以纠正。爱是理解，走进学生的心灵，从儿童立场出发设置问题，和他们一起思考问题。在孩子的世界里，没有绝对的对与错，只有有趣和无趣。爱是尊重，从学生的立场出发与他们平等对话，用他们喜欢的、充满童趣的语言风格和他们沟通交流。这样，课堂内外师生相处就能愉快、融洽。只有师生相互理解与尊重，并做到相互欣赏，才可能有教育的力量。

有一句教育箴言：亲其师，信其道。许多学生首先爱上学科教师，然后才爱上这门学科。因此，课堂上，教师切不可像一个机器，毫无情感地运转着。有经验的教师要利用一切机会和学生平等地交流沟通，爱着学生的爱，梦着学生的梦，悲伤着学生的悲伤，幸福着学生的幸福。师生情感融合到这样一种境界，好的教育教学自然就会产生。

我们不能仅仅把教学看作技术，而应该把它当作一门艺术。投入大量精力和智慧，让教学超乎技术而达到艺术层次的教师，往往能化“隔”为“融”，深受学生喜欢。

合作学习不仅限于学生之间
——谈课堂中的学习形式

在目前的中小学课堂中，经常可以看到合作学习的身影。老师在引导学生浏览教材后，一般会提出一两个问题，然后要求学生以小组为单位合作学习。学生好像“训练有素”，老师的话音刚落，前排的同学会扭转身来，和后排的同学合为一组。有的小组真的在合作与讨论，而有的小组则被动地依照老师的要求行动，并未见实际效果。

我理解的合作学习，不仅指学生之间的合作学习，还包括师生之间的合作学习。而师生之间的合作学习，在我看来尤为重要。那么，在课堂教学中师生可以进行哪些合作学习呢？

一、师生合作确定学习目标

我们常常将“学为主体”“以学定教”“先学后教”“问题导向”等挂在嘴边，可一到课堂实践中却是另外一种情况。这正如学校食堂的师傅每天做出一些菜，可从来没有在师生中间做过相关调查，更没有找师生商量过。可想而知，师生面对这些菜是很难不皱眉头的。同理，老师在没有充分研究学情，没有和学生一起熟悉课文的情况下就预设学习目标，是难有愉快的学习氛围和理想的学习效果的。

因此，我以为，师生可以合作确定学习目标。即使老师课前制定了学习目标，课堂上还是可以和学生一起讨论修改。比如，对于课文，让学生通过咀嚼、涵泳等方式搞懂自己能够弄懂的，然后将一些不能弄懂的问题提出来，师生共同选出有价值的问题合作探究。有专家指出，学习目标的确定是学生学习的起点。师生合作确定的学习目标，学生往往乐于接受且有兴趣去完成。这样做，就能真正落实“问题导向”“先学后教”“以学定教”的理念。

二、师生合作推进学习过程

我曾经看到过三位老师同上课文《驿路梨花》。三位老师无一例外地在教学过程中设置活动，这些活动看起来是围绕文本解读设置的，实际上都是老师的“一厢情愿”，是老师从自身对教材的理解出发而设置的。在学习过程中，学生和老师不在一个频道上，显得被动、无奈。

以《驿路梨花》为例，课堂上，老师可以和学生一起走进文本，先初读后精读，师生畅游在优美的文字河流里，感动着，思考着。这样的学习场景，才是师生都愿意看见的。学习并没有那么复杂，师生合作推进学习过程，沉浸在美好的文字当中，既有利于学生掌握文章的语文要素，又能促进其精神成长。这样的学习，会让师生都拥有满足感。

三、师生合作呈现学习成果

一节课下来，师生到底收获了什么？在我所观摩的很多课上没有学习成果的呈现。一方面，老师课堂时间安排不当，没有时间呈现学习成果；另一方面，老师没有呈现学习成果的意识和习惯。其实，课堂上师生合作呈现学习成果这一环节是必不可少的。那么，可以从哪些方面呈现学习成果呢？以语文课为例。

一是师生背诵或流利、有感情地朗读课文。对篇幅较短、要求背诵的诗文，可以当堂背诵。这时，老师可以做示范，激发学生熟读成诵的信心。对篇幅较长而文字优美、感情充沛的文章，要大声地、有感情地朗读。

二是师生分享对文中人物的认识。文学类课文在小学、初中教材中占了很大比重，对文中人物学生可以自由发表看法。老师要保护学生的“异想天开”，创造机会让他们大胆地把自己的想法说出来。之后，老师要真诚地谈自己的看法。

三是师生模拟课文中的某些句式或文体，写一段文字或一篇文章。以读促写是中小学语文学习的常用策略，这也凸显了语文学科综合性、实践性强的特点。在这个环节中，老师更要发挥引领和示范作用，要求学生做的，老师先做；要求学生做好的，老师先做好。要求学生写一段文字或一篇文章，老师主动“下水”，会激发学生的写作兴趣，让学生觉得写作是一件快乐而有成就感的事。

总之，课堂不仅是学生之间合作的场所，还是师生共同的舞台。

你的问题为何学生总是回答不出
——谈课堂中的问题设置

在中小学课堂里，我们经常可以看到这样一种情况：教师提出一些问题让学生去思考，然后解决问题。可是，很多时候学生对教师预设的问题不是沉默，就是答非所问。

为什么会出现这样的情况呢？笔者认为主要有下列几个原因。

第一，问题的设置基于教师的理解和感受，超出了学生已有的认知水平。比如，语文课上，教师读一遍课文后就从自己对文本的理解与感受出发，以为学生应该了解并掌握哪几个问题，就将这些问题拎出来让学生回答，而这些问题往往超出了学生已有的认知水平。一次，听一位语文教师上艾青的诗《我爱这土地》。教师在指导学生熟读原诗后，启发学生思考：在古代诗词和现代诗歌里，诗人在表达情感时往往用什么手法？学生回答："意象。"之后，教师预设了四个问题让学生思考和分组讨论：(1) 这是一只怎样的鸟？(2) 为什么是一只鸟？(3) 这到底是一只什么鸟？(4) 为什么只能"假如我是一只鸟"？学生在教师的引导下较好地回答了前两个问题。而对"这到底是一只什么鸟"这个问题，学生的答案五花八门，甚至答非所问。笔者认为，这个问题本身存在问题。学生前面了解到诗歌多用"意象"手法。艾青在诗里以"鸟"为意象，有一种说不清道不明的感觉在里面，正所谓"此中有真意，欲辨已忘言"。而课堂上教师非要领着学生弄个"水落石出"，效果自然不好。况且，后两个问题超出了学生已有的认知水平。

第二，问题的设置生硬联系社会热点，不是基于文本。中小学语文学习的核心是“学习语言文字的运用”，可有的教师设置问题时，对文本无限拔高，生硬地联系当下的社会热点，将语文课上成了没有“语文”的说教课。曾经听过一堂《梦回繁华》，这是一篇介绍《清明上河图》的文章，课堂教学由自读课文、再读课文、赏析语言、深读课文等环节组成，充分显示了学生的主体地位。应该说，前面这些环节可圈可点。但课堂的后10分钟，教师抛出了这样的问题：（1）“梦回繁华”，是谁的梦？（2）今天我们应该有怎样的梦？勉强将名画里作者的理想与实现中华民族伟大复兴的中国梦联系起来。语文课确实应该主动承担立德树人的重任，但它必须基于文本，“润物细无声”。如果生拉硬拽去“戴帽子”，既不能达成育人目标，还会让语文学科失去它应有的魅力。

第三，问题的设置基于细枝末节，没有抓住重点。义务教育阶段的语文教材，对每个单元的学习重点都有交代，对每篇课文学生应该了解什么、掌握什么，课后都有提示。有的教师往往忽略这些，喜欢设置一些细碎的问题，让学生难以回答。曾经听过一堂赏析《我的母亲》（作者：胡适）的课，教师走上讲台就连发四问：这篇文章写了哪些事？这些事有什么样的内在联系？作者通过什么将这些事串在一起？从这些事中你读懂了什么？这些问题很细碎，没有指向文章的重点和学生学习的痛点，且对启迪思维没有太大作用，学生回答起来难度较大。

基于以上原因，教师在课前预设问题时应该注意以下三点。

一是从学生立场出发。设置问题时，教师要换位思考，从学生学的角度来考虑。既要基于学生已有的认知水平，又要让学生跳一跳能摘到果子。

二是深刻理解文本。理解文本的前提是了解学科的性质，《义务教育语文课程标准》（2011 年版）对语文学科的性质是这样定义的：语文课程是一门学习语言文字运用的综合性、实践性课程，强调工具性与人文性的统一是语文课程的基本特点。因此，我们在设置问题时，要思考如何紧扣文本，依据文本学习语言文字运用，让学生在诵读、涵泳、积累过程中解决相关问题，感知母语的魅力。

三是领悟编者的意图。阅读是学生、教师、作者、编者和文本的对话过程。在浩如烟海的文章中教材编者为什么要选“这一篇”，想通过这篇文章让学生获得怎样的知识和情感体验等，都是教师要考虑的。唯有这样去思考琢磨，你抛出的问题才有价值。

廉价的讨论与金贵的思考
——谈课堂中的讨论交流

广大教师在新课程理念的引领下，在教学方式方法上做了很多探索，绝大多数教师在教学过程中都会安排一次甚至多次学生合作学习、讨论交流的环节。可是，问题来了，课堂上那种为合作而合作、为讨论而讨论的情况比比皆是，教学中的合作、讨论变得廉价，缺乏实际意义和应有的成效。这样下去，不仅会影响课堂学习效率，还会消解学生的学习兴趣，值得高度重视。

其实，教师也有苦衷，我和一些教师交流这个话题时，他们往往直言不讳地说，如果你不在课堂上安排合作学习、讨论交流的环节，很多听课的领导、专家和教师就会觉得你的教学观念陈旧，没有很好地落实新课程所倡导的理念。原来，设计这些环节不是给学生学习而是给听课的人看的。难怪合作学习、讨论交流的形式逢课必有，而且有向低学段蔓延的趋势。

是所有问题都需要讨论吗？回答当然是否定的。关于课堂讨论，教师要明确以下几个问题。

一、教学内容是否适合讨论

笔者曾听过一堂整本书阅读的课，教师出示一本书的封面后就安排学生讨论问题：你们从封面上看到了什么？想到了什么故事？结果学生还没有等教师布置好任务就纷纷举手要求回答，讨论名存实亡。像这样的问题不需要讨论，也不值得讨论。

二、讨论的问题是否有价值

什么样的问题拿出来讨论才有价值呢？这因教学内容而异，因学生素质、能力而异，不可一成不变。比如，文学作品，可以让学生讨论文中的主要人物及其性格特点，这些性格特点对人物本身和阅读者有怎样的影响。笔者曾听过一位教师教唐代张志和的《渔歌子》，一首短短几句的词，教师却提出了几个问题让学生讨论交流："西塞山前白鹭飞"中为什么是"白鹭"而不是"燕子""麻雀"？"桃花流水鳜鱼肥"中为什么是"桃花"而不是"杏花""李花"？"斜风细雨不须归"中为什么是"斜风细雨"而不是"瓢泼大雨"？面对这些问题，学生只得装模作样地讨论起来。之后教师请各组分享讨论交流的成果，学生的回答五花八门，教师一脸无奈。我想这不能责怪学生，即使让教师来回答这几个问题，他也未必回答得好。

三、在什么情况下进行讨论

这是一个值得探讨的问题，见仁见智，但还是可以取得一些共识，如有些问题涉及全体学生的认知，有些问题便于激发学生的学习兴趣，应该采取讨论的方式。有些情况就没有必要了，如古诗词的学习，像上面提到的《渔歌子》，有必要那样组织学生讨论吗？教这样的文本就应该以吟诵为主，要求学生熟读成诵，在诵读的基础上领会诗歌的情感和意境就行了。

明确了这些问题后，教师在课堂教学中要高度重视培养学生的独立思考能力。比如，在阅读教学中，大部分时间是教师在说自己的阅读体验或转述从第三方（教学参考书、现成的教案等资料）得来的阅读感受，想方设法将学生的思维引到预设的结果上来，以求得“共识”。留给学生思考的时间少之又少，学生怎能获得属于自己的阅读体验与感悟？教师长期忽视学生思维能力的培养，学生就只会坐等教师的答案，久而久之，也就成了叶圣陶先生所形容的“人形鹦鹉”。

在课堂教学中，教师应该从儿童立场出发，少安排没必要的讨论，多给学生独立思考的时间。

辑三

捧读经典，涵泳滋养

一个不读书的教师，是教不出爱读书的学生的。在中国的教育词典里，有“身教重于言教”这一词条，更有“桃李不言，下自成蹊”这一箴言。教师读书越多，对教育的理解往往就越深刻。

不要抖落信任的露珠

经常听到一些家长抱怨：我家这孩子，我们夫妻苦口婆心地跟他说这个说那个，他就是不听。说多了，他干脆不耐烦地回答："老师不是这样说的。""老师不让这样做。"碰到这样的家长，我只得耐着性子跟他们解释：这是一种很正常的情况，根据心理学的研究，学生来到学校一段时间后对教师就有了信任感，就有了明显的向师性。教师的言行，在他心目中不知不觉就成了"金科玉律"。

学生有了向师性，就表明学生和教师之间正在建立一种关系。如果这种关系是良好的、纯真的，那么，真正的教育就开始了。学生的向师性，最大的特点就是信任。信任是师生关系的黏合剂。作为教师，我们要不断地增强学生的信任感。

苏霍姆林斯基告诉我们："当儿童跨进学校大门，成了你的学生之后，他就会无限地信任你，你的每一句话对他来说就是神圣的真理；你的行为在他看来就是智慧的化身和道德的典范。儿童对教师的信任，犹如玫瑰花上的一滴洁净的露珠。请不要把这一滴露珠抖落。"（《苏霍姆林斯基选集》第1卷，教育科学出版社2001年版）

学生的信任，犹如玫瑰花上洁净的露珠，这个比喻太贴切了！教师怎样才不会抖落这信任的露珠呢？笔者认为可以从以下几方面努力。

一是让学生感受到学习是快乐的。有人肯定会反驳：现在的学生五更起三更眠，学习那么紧张，能快乐吗？其实，在学习之外，我们可以组织一些有利于学生身心发展的活动，让他们感觉学校生活是丰富多彩的、学习是快乐的。记得著名作家徐迟撰写了报告文学《哥德巴赫猜想》，讲到数学家陈景润面对一堆单调枯燥的数学符号，是如何刻苦攻坚的。文章发表后很多数学家站出来说话，认为作家误会了数学家。因为在数学家的眼里，数学符号不是单调枯燥的，就像美妙无比的音符。

二是让学生感受到同学是友善的。学生走进班集体，内心是新奇而愉悦的，当然也有不安和恐惧。由于年龄、经历相差不大，学生很容易说到一块儿，走在一起，很容易产生纯洁的情感。这种真诚友善的感情，对学生的学习有很好的促进作用。

三是让学生感受到教师是真实的。教师应该是健康向上、热情洋溢、积极进取、真诚真实的人，是一脸灿烂、满心温暖，能给学生带来生命力和成长力的人。教师应该让学生时时感受到被关注。比如，拾起学生掉在地上的纸屑、耐心回答学生的提问、蹲下身子倾听学生的心声、经常与学生谈心等。

四是让学生感受到校园是自己的。学校是为学生而设的，因此，要让学生站在学校正中央。学校的设施应该从儿童的立场设置，学校的文化应该从儿童的角度建设。真正的学校应该是学生的家园、学园、乐园。

如果真正做到以上几点，学生对教师的信任感和向师性就会与日俱增。同时，要不断地强化教师的示范性，只有这样，教师才不会抖落这信任的露珠。教师要做到以下几点。

一是要有爱的能力。英国教育家斯宾塞说过一句话，大意是教育者的全部奥秘就在于如何爱护学生，如果你讨厌学生，那么你的教育还没有开始就已结束。

爱的前提是尊重。有爱的教师能够尊重学生的个性，能够给他们一个宽松的成长环境。他们相信每一个学生都有成功的愿望，都具备发展的潜能。

爱的智慧是赏识。教师要用赏识的眼光看待学生，不要以成人的思维和要求去对待他们。在与学生沟通交流时，多一些鼓励。在很多场合，鼓励学生发出自己的声音，尽情展示自己的才华，这样的教师必定会受学生喜欢。

爱的艺术是宽容。有爱的教师能容纳所有的学生，时刻不忘自己曾经也是孩子，会从心底原谅学生的过失。学生喜欢那种既不伤害他们的自尊，又总能让人感到温暖的教师。

二是要有旺盛的学习力。在信息时代，教师应该树立“终身受教”“终身学习”的理念，学习前辈留下来的科学的教育理论，学习同辈创造的先进的教学经验等。唯有如此，你在课堂内外面对学生时才能做到左右逢源、游刃有余。

如果一个教师对学习缺乏热情，对任何新鲜事物都缺乏好奇心与探究的意识，那么，学生对他所教学科可能就会丧失学习兴趣。如果学生开始怀疑教师的知识水平、智慧和能力，那就意味着信任的露珠将被抖落，教师在学生心目中的高大形象将渐渐坍塌。

三是要有公平公正的品德。一项有关教师品德的问卷调查显示，学生对教师最基本的品德要求是公平公正。一个具备公平公正品德的教师就具有了教育教学的公信力。教育学者许锡良先生说：一个教师，最容易丧失公信力的言行举止就是按照等级去对待学生。偏爱一些学生，同时歧视另一些学生，这是学生最不能容忍的。

有一个故事，说的是教师去检查学生晚自习的情况，发现有两个学生拿着书在打瞌睡。这位教师走到一个平时成绩好的学生面前，深情地对全班同学说：你们看，这位同学学习多认真哪，打瞌睡了还在看书。说毕，他走到另一名成绩差的学生跟前，大声训斥这个学生：你们看，这个家伙有得治吗？一到看书就打瞌睡。同一件事，这位教师在不同学生身上得出的结果完全不同。这样的教师，学生当然不会信任。

教育要成为灯塔，引领社会道德和风气，教师自身就应该是道德的、文明的、先进的、正义的。教师要成为灯塔里的一束光，可千万不要抖落学生那信任的露珠哇！

时刻都不忘记自己也曾是个孩子

在我们这一辈从事教育工作的人当中，有很多像我一样曾经受到过一位外国教育家的影响，他就是苏霍姆林斯基。

今天，我重新捧起苏霍姆林斯基的书，读到这么一段："一个好教师意味着什么？首先意味着他是个热爱孩子的人，感到跟孩子交往是一种乐趣，相信每个孩子都能成为一个好人，善于跟他们交朋友，关心孩子的快乐和悲伤，了解孩子的心灵，时刻都不忘记自己也曾是个孩子。"（《苏霍姆林斯基选集》第4卷，教育科学出版社2001年版）

这段话在提醒我们什么呢？

提醒我们要有一颗童心。教师是什么？有人说，教师是成人世界派往儿童世界的文化使者。这就意味着作为成年人的教师，不能用成年人的思维和意识去面对儿童和他们的世界，而应该拥有一颗童心，从儿童立场、视角和思维去对待一个个活生生的个体及其生命里的人和事。如果没有童心，没有儿童本位、儿童立场，我们的有些教育活动只会给孩子带来伤害。

有这样一个案例：在我国南方某特区，一个小学三年级的孩子写了一篇作文，写的是全家合力捕捉一位不速之客——老鼠。孩子这样描述捕捉过程："在爷爷奶奶、爸爸妈妈的合围下，老鼠东奔西窜，眼看走投无路，一头撞到墙上，然后四脚朝天，不省鼠事。"教师在

“不省鼠事”这个词的下面用红笔批注：没有“不省鼠事”这个词，只有“不省人事”！家长看到教师的批注后不乐意了，将此事诉诸报端，当时在社会上引发了一场小争论。是“不省鼠事”好，还是“不省人事”好？如果怀揣童心，联系文章的场景，立足儿童视角，答案不言自明。教师看到学生创造性地使用语言文字，应该大力表扬、鼓励才对呀！为什么这位教师会出现这样的判断呢？这是教师长期的成人思维导致的。

学前教育家陈鹤琴先生早就对类似的问题做了阐述，他在《儿童心理及教育儿童之方法》一文中写道：“常人对于儿童的观念之误谬，以为儿童是与成人一样的……所分别的，就是儿童的身体比成人小些罢了……我们为什么叫儿童穿起长衫来？为什么称儿童叫‘小人’？为什么不准他游戏？为什么迫使他一举一动要像我们成人一样？这岂不是证实我们以为儿童同成人一样的观念吗？”拥有一颗童心，从儿童本位出发，尊重儿童文化，应该是教师的基本职业素养。

提醒我们要有一颗爱心。孩子是祖国的花朵、世界的未来，他们从内心深处特别希望得到包括父母、老师在内的成年人的关爱。教师早已从“天地君亲师”的神坛走了下来，又因为政治地位和物质待遇等，有的教师缺乏对职业的认同感和归属感，缺乏对学生的爱。而爱在教师育人过程中的作用是不言而喻的，是任何现代技术手段都无法替代的。

柏拉图曾说，一个民族只有最优秀的人才有资格做教师。作为中小学教师，我们手里握着幼年人的命运，握着一个民族和国家的未来。面对天真活泼、笑脸如花的孩子，教师没有理由不倾注自己的爱。

当代著名教育家斯霞，一生钟爱教育，热爱学生。有人问她如何对待工作，斯霞老师平静地说："我一走进学校、走进教室，面对孩子我脑海里立马浮现出两句话：'假如是我的孩子，假如我是孩子。'"斯霞老师的话和苏霍姆林斯基的话有异曲同工之妙。

提醒我们要有一颗平常心。孩子们处在发育成长期，他们的心智、情感都不成熟。说错话、做错事，是常态。教师面对他们这样那样的错误，是大惊小怪、锱铢必较、每错必责，还是心平气和、将心比心、循循善诱呢？这就看教师是否记得自己也曾是个孩子，能否换位思考，最终以平常心待之。古人云：人非圣贤，孰能无过？我们做孩子的时候谁没有说错过话、做错过事？想想自己的童年，谁都有糗事一箩筐，可成年后回想起来，这些却变成了成长路上美好的回忆。

当代教育名家、"情境教育"创始人李吉林老师说自己是"长大的儿童"。李老师心里的"长大的儿童"，首先，应该放下身段，俯下身子，回到孩子时代去，和孩子一起想、一起玩、一起学，这样才可能走近儿童。其次，要用孩子喜欢的方式教育孩子。可以借助实物、案例、故事等和孩子交流沟通。再次，要允许孩子试错，再从正面引领。真诚地和孩子交流，以此引领孩子求真、向善、尚美。

很多教育学者的研究表明：师生关系是影响教育的关键因素。教师与学生建立起亲密无间的关系，是使教育达到最佳效果的关键条件之一。因此，教师时刻都不要忘记自己也曾是个孩子，要永远怀揣一颗童心，平等地与学生交流，构建起良好的师生关系。

成为一颗读书的种子

苏霍姆林斯基写道："一种热爱书、尊重书、崇拜书的气氛，乃是学校和教育工作的实质所在。一所学校可能什么都齐全，但如果没有为了人的全面发展和丰富精神生活而必备的书，或者如果大家不喜欢书籍，对书籍冷淡，那么，就不能称其为学校。一所学校也可能缺少很多东西，可能在许多方面都很简陋贫乏，但只要有书，有能为我们经常敞开世界之窗的书，那么，这就足以称得上是学校了。"（《苏霍姆林斯基选集》第4卷，教育科学出版社2001年版）

在这位伟大的教育家眼里，学校和教育工作的实质，就是培育热爱书、尊重书、崇拜书的气氛。

在当今中国，读书似乎成了一件奢侈的事。虽然近几年政府工作报告中都有倡导"全民阅读"的建议，但效果不明显。国人读书的记忆往往只在每年的4月23日（世界读书日）被唤醒，之后人们又习惯性地将书束之高阁。

这也难怪现在就连最应该读书的人群——教育工作者，也很少有人畅游书海。教育工作者应该是引领社会风气之先的人。教育人首先应该是读书人，特别是教育局局长、校长和教师，应该成为读书的种子，为推动全民阅读做出榜样。

有道是一个好局长就有一个区域的好教育。如果教育局局长只会上传下达、送往迎来，终日端着一副官僚的架子，只唯上，不务实，这一方土地上的师生一定是痛苦的。反之，教育局局长有情怀、能担当、肯实干，那一片土地上的教育风气就是正的，教育生态就是好的，教育质量就会高，师生的归属感就会强，幸福指数就会高。

教育局局长自己要爱读书。只有不断地学习，才能引领一个区域内的广大教育工作者走在正确的教育大道上。一些教育局局长，如吉林省抚松县的陆世德、上海市虹口区的常生龙、四川省阆中市的汤勇、江西省弋阳县的方华等，都是读书人，被当地老师们尊为学者局长。常生龙局长在《局长为什么要读书》一文中写道："有专门培养教师的师范大学或者专业，但没有培养教育局局长的专门机构。教育局局长必须成为一名学习者，去了解教育发展的最新动态，去把握教育发展的基本规律，去找寻区域教育改革的最佳路径，去设计教育实践的核心项目。"上述局长用行动全力推动区域内师生阅读，近年来均获评《中国教育报》"推动读书十大人物"。他们勤于学习，善于思考，勇于探索，精于总结，联系工作实际，撰写了大量教育随笔和论文，有专著问世。他们用自己的才干和实绩，彰显出教育局局长的情怀和价值。

苏霍姆林斯基说，学校领导首先是教育思想的领导，其次才是行政上的领导。校长要想有自己的教育思想，一靠读书，二靠实践。我在这里只说读书。有人说，没有阅读的学校是假学校，没有阅读的教育是假教育，没有阅读的人生是有缺陷的人生。通过读书，你可以与先贤对话，可以站在巨人肩上远眺。

教师们最不能容忍的是校长把自己当领导，整天在师生面前指手画脚。教师们欣赏的往往是"清、情、净、静"的校长。

"清"是指校长办学思路清晰，对学校情况了如指掌。

"情"是指校长对全体师生饱含深情，对天地万物充满感情。

“净”是指校长衣着干净、思想纯净，举手投足间尽显儒雅气质。

“静”是指校长能够冷静地处理教育教学中的矛盾和问题，能够静下心来读书学习、治学治校。

校长手不释卷，师生必定会受到影响。比如，程红兵、李镇西等校长，就是读书人。因为读书，他们视野开阔，境界高远。他们在校园里营造出一种热爱书、尊重书、崇拜书的气氛，引领师生徜徉在书海里。慢慢地，学校里面的人，面貌和气质就会改变，就会变得自信阳光、蓬勃向上。

唐代文学家韩愈写道：“师者，所以传道受业解惑也。”时至今日，教师被定义为“首席学习者”。教师主动读书、坚持学习，应该成为一种常态。

一个不读书的教师，是教不出爱读书的学生的。在中国的教育词典里，有“身教重于言教”这一词条，更有“桃李不言，下自成蹊”这一箴言。教师读书越多，对教育的理解往往就越深刻。比如，吴非、闫学等教师，手不释卷，涉猎广泛。教师只有把自己变成一个“杂家”，才能在课堂上信手拈来、游刃有余。理想的教师应该过一种读写为伴的生活，成为学生生命中的重要他人。

最近，笔者有机会去看了几所中小学，看到了一些令人欣慰和振奋的情况。有的学校直截了当地把“读书做人”作为办学目标；有的学校教学楼走廊里安上了开放式书架，学生随时可以读书；有的学校建立了品位很高的教师书吧，给教师辟出一个温馨的阅读空间；有的学校定期组织学生读书心得演讲赛、教师读书分享会。这样的学校有浓郁的书香气息，这才是真正的学校，才是学生愿意来的真正读书的地方。

教育就是要养成良好的习惯

从中小学校走出来的教育家叶圣陶先生对教育的本质认识非常深刻。1941 年，他在《如果我当教师》一文中正式提出“教育就是养成好习惯”这一重要论断。他说：“教育是什么？往简单方面说，只须一句话，就是要养成良好的习惯。德育方面，要养成待人接物和对待工作的良好习惯；智育方面，要养成寻求知识和熟习技能的良好习惯；体育方面，要养成保护健康和促进健康的良好习惯。”（《叶圣陶教育箴言》，福建教育出版社 2013 年版）

他的教育“习惯说”，获得了人们广泛的认可。他还进一步说道：能使才性充分发展的是好习惯，能把事情做得妥善的是好习惯，能使公众得到福利的是好习惯。好习惯养成得越多，那个人的能力往往越强。我们做人做事，需要种种能力，所以最要紧的是养成种种好习惯。

一生要养成的良好习惯很多，大致可分为两大类。

一类是生活习惯。生活习惯包括饮食习惯、起居习惯、运动习惯、劳动习惯等。当代有成功人士认为：终身所学到的最主要的东西，是幼儿园、中小学时期家长和老师帮助自己培养的良好习惯。其中，良好的生活习惯主要靠家庭培养，而且宜早不宜迟。比如，“食不出声”这个饮食习惯，就宜从小在家庭养成。这小小的习惯若小时候没有注意，长大了是很难养成的。

另一类是学习习惯。学习习惯包括预习习惯、专心听讲习惯、随时做笔记习惯、及时反馈总结习惯等。学习习惯的养成主要靠老师，需要老师有意识、有方法。比如，做笔记的习惯，就需要老师经常提醒，老师要明确告诉学生“不动笔墨不读书”，“好记性不如烂笔头”。笔者经常听中小学语文课，即使听名师的课，也很少听到老师提醒学生做笔记，把当时学到的好词好句记到自己的本子上。也许有人会说，这都什么时代了，还做什么笔记，有需要上网查一下不就妥了。实际上，学习的过程就是积累的过程。在童年、少年时期，学生学习是需要下“苦功夫”“呆功夫”的。在童年、少年时期下足了功夫，可以让人终身受益。一个人有了良好的学习习惯，就具有了持续的学习力，走出校门后，还能不断地向社会学习，向书本学习。

一个有良好的生活习惯和学习习惯的人，其素养、气质、能力就会自然而然地凸显出来，这样的人往往能成就一番事业。

良好习惯的养成是有关键期的。这个关键期也是接受教育的最佳时期，如果错过这个关键期，将终身难以弥补。据相关专家研究，小学一、二年级是学习习惯培养的关键期；三、四年级是纪律分化的关键期；整个小学阶段是记忆力发展的关键期，是记忆的黄金时代；整个初中阶段是意义记忆的关键期。抓住关键期培养学生良好的习惯，除了要发挥家庭教育的作用外，学校要做大量深入细致的工作，让学生懂得关键期的重要性。

养成良好的习惯有很多方法和路径，关键是家庭与学校要相向而行，并持之以恒。

一是良好的习惯养成要注重细节。习惯的养成必须融入学生日常的生活和学习中，注重细节，尤其是那些容易出现问题的地方。比如，学生在开始习字的时候，容易把字的间架结构、笔顺等弄错，这就要求家长和老师，从一笔一画开始，手把手地教。又如，现在很多家长舍得给孩子买书，也会督促孩子看书。有的家长任孩子看完书后随手丢，使家里的书散乱一地，东躺一本西卧一本。正确的做法是，家长准备一个孩子专属的书柜或书架，孩子读完一本书后，家长有意识地引导孩子将读过的书分类放到书柜（书架）里，摆放整齐。这样要求孩子自己的事情自己做，既可以培养孩子对书的敬畏感，又可以培养他们及时收拾、让物件归位的好习惯。

二是良好的习惯养成不能太过烦琐。现在很多学校有了培养学生良好习惯的意识，有的学校还以“养成教育”等课题形式呈现，可有的学校矫枉过正了。笔者曾到一所小学参观，校长谈起学校实施养成教育，培养学生各种习惯的做法。这位校长一共列出了124项学生在学校需要养成的习惯。如见到门卫该怎么说，见到同学该怎么说，见到老师该怎么说，见到学校领导该怎么说，见到校外人员该怎么说。每项做得怎么样，学校要检查，年级要检查，班级要检查。如此烦琐，学生不仅难以记住并做到，还可能会厌烦，产生逆反心理。

三是良好的习惯养成重在示范引领。说一千道一万，不如做出样子给人看。在家庭教育中，家长一般要求孩子多读书，其实，如果家长自己以书为伴，那么孩子往往就会远离电视、手机和电子游戏。久而久之，一家人就都会养成随时阅读、自觉阅读的习惯。在学校教育中，教师的引领作用更是无可替代。比如，语文学科有一些要求学生背诵的诗文，教师应该先背诵下来，这样才能让学生心服口服。如果教师能做到言行一致，学生的好习惯就能逐步形成。

有人说，一个人有多好的习惯就会有多大的成就，结交什么样的朋友就会结交什么样的命运。有人认为，良好的习惯本身就是成功的最大原动力，笔者深以为然。要想让学生从容面对未来社会，学校和家庭除了要给予学生丰富的知识外，千万别忘了良好习惯的养成。

教育首先是立人

联合国教科文组织国际教育发展委员会1972年对教育的定义是“培养自由的人和创造思维，最大限度地挖掘每一个人的潜力”。可见，教育首先在于立人。

可现实情况又是怎样的呢？上海市语文特级教师黄玉峰做过一次题为《“人”是怎么不见的》的演讲。黄老师以大量案例痛陈当今中小学教育存在的“五大绳索”：第一条是“功利主义驱动”，功利主义浮躁浅薄，急功近利；第二条是“专制主义坐镇”，专制主义扼杀个性，奴化教育；第三条是“训练主义猖獗”，训练主义制造工具，剥夺灵性；第四条是“科学主义横行”，科学主义貌似科学，堂皇迫害；第五条是“技术主义助阵”，技术主义专讲技巧，反复操练。这五条绳索捆绑住我们的学生，一个个鲜活的“人”就不见了。诚如黄老师所言，在当下的很多学校里，面向全体、尊重个体还只停留在口头上、口号中，教育者只把学生当成容器，没有把他们当成“人”，这样的教育当然是残缺的教育。

教育学首先是人学。不了解孩子，不了解他的智力发展，他的思维、兴趣、爱好、才能、禀赋、倾向，就谈不上教育。因此，我们要回到“人”这个原点上来，深入研究“人学”这门世界上最博大精深的学问。

在小学阶段，我们的教育应该回到由个体到集体的轨道上来，爱自己、爱家人、爱集体、爱国家，按这样的次序去安排教育内容，才能收到满意的效果。

有一种情况应该引起重视。这就是学生一进校门，有些学校就急切地向他们灌输成名成家思想。有的教师在小学低年级就布置诸如“我的理想”之类的作文题。甚至有的教师看到学生写将来的理想是当科学家、文学家、哲学家、教育家，就满面春风，在课堂上加以表扬；而看到学生在作文中表述想成为厨师、清洁工、快递员，则认为其没出息。

实际上，学校首先应把学生培养成为幸福的普通人。先成人再成才。苏霍姆林斯基曾经针对当时苏联教育盛行的强化集体、弱化个体，鼓励成名、轻视成人的倾向，明确指出：“请记住：远不是你所有学生都会成为工程师、医生、科学家和艺术家，可是所有的人都要成为父亲和母亲、丈夫和妻子。假如学校按照重要程度提出一项教育任务的话，那么放在首位的是培养人，培养丈夫、妻子、母亲、父亲，而放在第二位的，才是培养未来的工程师或医生。”（《苏霍姆林斯基选集》第 2 卷，教育科学出版社 2001 年版）爱因斯坦也说：“首先要成为一个人，其次成为艺术家，最后才成为钢琴家。”教育家和科学家的这些话可谓振聋发聩，但愿能点醒很多梦中人。

教育的出发点是人，落脚点也是人。因此，在教育教学生活中，我们应该关注学生的生活方式，关注学生的生活世界，关注学生的生命价值，关注学生的心理世界，关注学生的学习状态等。

值得欣慰的是，当代有一批觉悟了的教育人能够从“人”出发，持之以恒地研究、践行“人学”。教育名家、北京十一学校原校长李希贵先生就是这群教育人中的代表。李校长在他的专著《面向个体的教育》里，以随笔的形式，生动、鲜活地记录了他和他的团队是如何落实育人、立人目标的。读罢全书，为李校长深厚的教育情怀和丰富的教育智慧所折服。

作为教育人，我们要牢记常识，尊重规律，扎扎实实地推进立人这项伟大的事业。

真实的教育才有力量

现在，在一些中小学校里，存在伪教育和反教育的情况。具体体现在以下方面。

一是跟风而教。在一些中小学校里，各种唯上、跟风的标语口号挂在显眼的位置。有的地方更是口号月月改、理念年年换，大有“你方唱罢我登场”之势。其实，这样的“常换常新”，本身就是不成熟的表现。

二是假名而教。比如，以“民主”的名义施教，据报道，河南省洛阳市某中学初一一个班级，生物老师发起“民主投票”，强行劝退学生。又如，以“树榜样”的名义施教，内蒙古自治区包头市某中学让成绩优秀的学生穿红色校服，让普通学生穿蓝色或白色校服。如此等等，不一而足，都是反教育的行为。

三是趋利而教。看看某些学校高三教室里的励志口号：“考过高富帅，战胜官二代”“只要学不死，就往死里学”“提高一分，干掉千人”“生时何必久睡，死后自会长眠”。这种明显的功利教育培养不出真正的人才。

所有的伪教育和反教育行为都披着“为学生好”的外衣，那么，学生是否领情呢？在南方某中学周一例行的升旗仪式上，被指定上台演讲的学生悄悄换掉学校把好了关的稿子，上台后发表了一段抨击中国教育的演说。

在这个庄严的时刻，我要告诉大家，我们接受的是什么样的教育。……我们不能只为父母的理想而努力，我们应该有自己的理想。这种变味的教育，学了能有什么用呢？就算考上大学又能如何？就算找到工作又能如何？我们不是机器，即使是机器，学校也不该把我们当成追求升学率的工具！

在这样的教育下，我们都在争取什么呢？都变成了什么人呢？

…………

如何树立远大理想？请先给我们自由生活，请先还我们快乐成长的时光！

这个让人始料不及的演讲震撼了在场的3000多名师生，随之传遍全国。

当今教育领域确实存在诸多问题，其中一个最大的问题是作假。我只想说，学校是一个最不能作假的地方。如果学校允许虚假的幽灵招摇过市，那么，整个国家将会戴上狰狞的面具。可如今，校园里作假的事情并不少。校长为了迎接上级名目繁多的检查带领全体教职工作假；教师为了公开课、展示课的完美效果伙同全班学生作假……假的东西在校园里大行其道，教育的力量何在？

苏霍姆林斯基曾说："真正的教育者是这样一种人，他竭力使儿童、少年和青年在他们所关心的一切问题上都得到真实的答案，以便他们在人生的起步阶段没有徘徊和失望。"（《苏霍姆林斯基选集》第1卷，教育科学出版社2001年版）

我们应该深刻反思过去的作为，在"真""实""慢"上下功夫，因为只有真教育，才不会让学生在人生的起步阶段徘徊和失望。

真教育应该下真功。“千教万教教人求真，千学万学学做真人！”一个“真”字，道出了教育的全部内涵。教育主管部门和学校管理者，都应该有办真教育、真办教育的意识，尽量不当伪教育、反教育的帮凶，不被社会功利“围猎”。尤其不能“逼”孩子说假话，否则，那些被人们视为神圣的东西就会变成毫无意义的空谈。每一个教育工作者都要有这样的意识：做教育能做的，做教育应该做的，让校园里弥漫着求真、向善、尚美的氛围，让每一项措施都能符合学生成长的需求，符合教育教学的规律。

教师要以真实的面貌出现在学生面前，表明自己的爱憎，展示健全的人格；不说自己不相信的话，不说自己还没有理解的话，更不说反人道、反人性的话。通过营造真实氛围、设置真实情境，让教育真实发生。

真教育应该有实功。一个民族、一个国家的未来就在当下的小学课堂里。今天的学生是什么样子，明天的社会就是什么样子。面对一群身体正在发育、性格正在形成、智慧正在生成的学生，教育者必须从实际出发，出实招、求实效，最忌装腔作势与花拳绣腿。

不让学生去空谈崇高的理想，而让这些理想的种子，存在幼小心灵的热情激荡之中，存在激奋的情感和行动之中。具体到教学工作，课前，应该详细了解学情，扎实钻研课程标准和学科教材。然后，怀着朴素真实的感情走进课堂，发挥学生的主体作用，和学生一起落实知识点、能力点。面对学生，承认差异，尊重差异，平等地走进他们的心灵，和他们交流、沟通，一起寻找解决问题的方法和途径。

真教育应该是慢功。叶圣陶先生说过，教育是农业而不是工业。教育就像庄稼一样需要一个缓慢的生长过程，需要一个很长的周期，而不像工业一样批量生产，整齐划一，迅速出炉。养育孩子，就得像种庄稼，浇浇水，驱驱虫，用心栽培，不能心急。而且不同的作物有不同的种植方法。教师不能拔苗助长，必须学会等待，依孩子的成长规律而行。

让教育在校园里真实而长久地存在，最大限度地剔除伪教育和反教育的成分，应该成为当下教育人的一项使命。

品德教育重在实做

前不久，一位多年从事思想品德教育的老师向我抱怨：在最近学校做的一次关于“学生最喜欢的学科”的问卷调查中，思想品德课排名倒数第一。“我尽力了，可学生还是不领你这个情啊！”我非常同情这位老师。德育问题，是教育领域里几十年来非常突出而又没有解决好的问题。假、大、空是学生对日常德育的评价；耗时多，方法旧，收效微，是社会对德育状况的描述。

重读叶圣陶先生的书，谈到德育时他是这样说的：“对于德育，抽象地去理解，去讨究，是没有用的，必须具体地去实践，就在种种平凡的方面去实践，使那些都合得上那种态度和精神。”（《叶圣陶教育箴言》，福建教育出版社2013年版）

叶老非常明确地告诉我们：德育不能光靠说教，重在实做。如何把德育做实呢？

一、依据学生的成长规律做实德育

没有一个学生是抽象的，出现在我们眼前的学生都是活生生的生命体。德育工作者应该仔细研究学生的成长规律。人的成长是有规律可循的。懂得“欲速则不达”的道理，在教育过程中就不会出现拔苗助长、赶鸭子上架等情况，就能够根据学生的实际情况进行教学，并学会等待，允许试错。

二、联系学生的生活实际做实德育

德育应该联系学生的生活，注重实践。

1. 帮助学生树立正确的价值观

首先，要让学生认识到人的物质生活永远服从于一定的生活目的和意义。引导学生把物质享受和精神享受结合起来，把物质和精神的享受与为社会创造物质和精神财富结合起来，以此提升人生的价值。其次，教育学生以积极的态度去看待事物，增强对社会现实生活的理性认识，在生活中多体验快乐、幸福，激发创造热情。再次，引导学生正确认识需要与满足、理想与现实的关系，要注意预防和消除学生的悲观厌世思想，使他们正确认识挫折对个人成长的影响，学会以积极的心态看待社会和人生。

2. 引导学生合理消费

首先，使学生能够正确处理消费中个人与自然的关系，切实感受到保护大自然是人类的责任和义务，也是我们应该遵守的公共道德规范。其次，使学生能够正确处理个人与社会的利益关系，培养学生尊重他人劳动、关注他人需要的观念，使其自觉遵守道德规范等。再次，使学生能够对社会上各种消费现象进行理性的思考，并根据自己的实际情况和实际需要理性地消费。

3. 培养健康高雅的生活情趣

健康高雅的生活情趣不应靠“教”，而应该靠熏陶。首先，引导学生多接触优秀文艺作品，让学生体会其中真善美的道德精髓。其次，开展具有思想碰撞性质的活动，如讨论会、演讲比赛等，使不同的思想火花尽情迸发，不同的见解相互碰撞，从而提高学生的判断能力。再次，培养学生广泛的兴趣爱好，开展丰富多彩的课余活动，发展学生各方面的能力，引导学生合理利用闲暇时间，使自己的日常生活充实而有意义。

三、家庭、学校合力做实德育

叶老说，受教育的意义和目的是做人，做社会的够格的成员，做国家的够格的公民。一个“做”字，道出了德育的本质。我们必须把某些精要的东西化为自身的血肉，养成永久的习惯，终身实践。对学生的品德教育绝对不是上几堂思想品德课就可以完成的，也不是申报一个两个什么级别的课题就可以做实的。品德教育是一个系统工程，需要家庭、学校合力做实。

1. 家庭在学生品德教育中的作用无法替代

家长是孩子的第一任教师，孩子的个性、品德在很大程度上是家庭教育的结果。家长要时时处处以身作则，要求孩子不做的事，自己坚决不做；要求孩子做到的事，自己坚决做到。同时，家长的育人观也对孩子的成长起重要作用。如果家长能有先成人后成才的意识，那孩子的成长就有了正常的环境。

2. 学校对学生的品德教育责无旁贷

学校的品德教育，一要整体规划。根据学生的年龄特点和接受能力，拿出整体性方案，让师生在教育过程中有明晰的方向、路径与目标。二要以活动为载体。要设置与学生的生活密切相关的情境，创设一系列内容丰富、形式活泼的活动，让学生在情境中、活动中去体验、感悟成长过程中的痛苦和快乐。三要榜样示范。教师要发挥榜样作用，让学生从内心敬重你，并效仿你。四是要形成学科合力。对学生进行品德教育，不仅是该学科教师，也是所有学科教师，乃至学校里每一个教职工的事。学校无小事，事事关育人。只有学校形成全员育人、全程育人的氛围，德育才能显示实效。

教为不教，育在自育

叶圣陶先生在《阅读是写作的基础》一文中指出："在课堂里教语文，最终目的在达到'不需要教'，使学生养成这样一种能力，不待老师教，自己能阅读。"后来，叶老又对"教是为了达到不需要教"这一理想的教学境界做了比较全面的阐释。叶老说："知识多得很，新事物层出不穷，课本里是写不尽的。老师是教不尽的，所以必需练成功自己发现问题和求得解决的能力，将来才能做好各项工作。"（《叶圣陶教育箴言》，福建教育出版社2013年版）怎样才能达到"不需要教"呢？

一、"以学定教"

"以学定教"中的"学"，我理解它包含以下几层意思。

一是学情。了解学情是做好教学工作的第一步。教师只有全面、深入地了解教育对象，才能让教与学真实而有效地发生。学情应该包括所教班级学生的知识水平、接受能力、个性特点及家庭背景等。

二是学习资源。学习资源包括教材以及与之相关的资料，学习资源越丰富，学生的选择性越大，眼界也会越开阔。教材是师生必须利用好的资源，对教材的理解和把握，是判断一名教师教学水平高低的关键因素。支玉恒老师认为自己走上小学语文教学之路，能得到大家认可的主要原因是从教材中“读出自己”。课堂上，学生能够理解的他基本不讲，他讲的是学生通过自主阅读仍然体会不到的内容，他会引导学生发掘教材背后和字里行间蕴藏的奇珍异宝，引导学生超越教材，达到新的境界。

二、“授人以渔”

“授人以鱼，不如授人以渔”。那么，怎样才能找到最佳的学习方法，并把这些方法教给学生呢？可以从以下几个方面着力。

一是树立“一辈子都在备课”的思想。叶老说，怎样启发学生，使他们自觉地动脑筋，是教师备课极其重要的项目。从现实情况看，随着互联网的普及，教师对备课这项教学常规工作有弱化的倾向。互联网是把双刃剑，让一些有责任心、有钻研精神的教师获得大量教学资源，也让一些得过且过的教师找到了偷懒的方式。

于永正老师认为，备课包括钻研教材、搜集信息、了解学生、考虑教学思路和教学方法、写教案等。写教案只是备课的最后一个环节。他还把备课分为“显性备课”和“隐性备课”。所谓“显性备课”指的是写教案。教案一定要写，但不要拘泥于形式。记下的东西都是重要的东西，以防忘记。这相当于“作战计划”。“隐性备课”是教师在授课之前对教材内容、结构、情感、道理等的深入理解，以及针对所教学生，结合自己的教学特点，联系以往的教学经验，对教学方法的思考、选择与确定。于老师把这种“隐性备课”称为“备课于心”，而且他喜欢在课本上写“教案”，他把这种情况称为“备课于书”。教师应该在备课上下足功夫。

二是让学生参与发现知识的过程。清华大学教授、诗人郑敏曾说，每个汉字都像一张充满感情向人们诉说着生活的脸。语文学习“涵泳工夫兴味长”，在教学中不能让学生简单地学习现成的结论，要让学生参与发现汉语言文字的魅力，感受中华文明的博大精深。同时，还要引导学生通过分析、比较等，探究问题，在发现知识的过程中体验思维的飞跃。教师要将思维过程用一定的教学媒介展示给学生，让学生明白知识、方法背后所蕴藏的思想。只有这样，才能使学生对知识有真正意义上的理解，才能提升学生的整体素养。

三、“自求得之”

李希贵先生在其著作及演讲中，以自己孩子学习语文的经历告诉我们一个道理：语文成绩不是老师教出来的，是学生自己学出来的！在一些语文课堂上，“教师大量讲，学生只管听”的情况还存在。这与教师没有深入了解学情、钻研教材、把握学习重点，教学中存在严重的“他信力”有关。因此，提高教师教学的自信力刻不容缓。只有这样，“不需要教”才可能成为现实。

叶老说：“学生须能读书，须能作文，故特设语文课以训练之。最终目的为：自能读书，不待老师讲；自能作文，不待老师改。”（《叶圣陶教育箴言》，福建教育出版社2013年版）为达到这些目标，很多中小学教师做了长期的、艰辛的探索。20世纪80年代，湖南师范大学附属中学语文特级教师邓日，在学校开展了“中学生自能作文分项训练”教改实验。该实验按照中学生的心理特点和认知发展规律，对学生进行语言文字的系统训练，初步达到“自能作文”的目标。这项实验调动了学生学习作文的积极性和主动性，培养了学生的写作兴趣和习惯，在当时引起了很大的反响。

自我教育是教育的最高境界。叶老在多个场合指出，教育虽然重在“教”，但最终目的是使受教育者“自求得之”。如何能够让学生“自求得之”呢?

一是引导学生树立正确的价值观。价值观决定一个人的生活走向和质量，作为中小学教师，我们要引导学生树立求真、向善、尚美的价值观。

二是激发学生内在的求知欲。每个人都有自己心灵上的需求，这种需求正是兴趣所在，如果教师能够从兴趣上去引导学生学习，那么学习将会是快乐的。

三是坚持因材施教的原则。在一个班集体中，每个学生都是独特的“这一个”，对比较优秀的学生，教师要帮助他们发展和完善自己；对一些相对落后的学生，则要挖掘他们在学习生活中的闪光点并有意识地放大这些闪光点，从而使他们实现由点到面的递进式发展。

叶老在他的《语文教学二十韵》中强调了教师的主导作用和培养学生能力应采用的教学方法，体现了“教是为了达到不需要教”的思想。这一思想把尊重和激发学生自主发展作为教育教学的出发点和立足点，揭示了教师教育与学生自学、知识教育与主体发展、学校教育与终身学习之间对立统一、相互转化的辩证关系，值得我们认真学习、领会。

让每个学生都抬起头来走路

在教育教学生活中，我们会碰到这样的情况——一个班上总会出现学困生、德困生。这些学生往往自卑，学习和行为习惯差，很少和同学、老师交流，没有明确的学习目标和人生理想。怎样教育这些学生，“让每个学生都抬起头来走路”？

一、要研究学困生、德困生形成的原因

总体而言，学困生、德困生的形成，有以下原因。

1. 家庭教育不当

著名教育学者杨东平先生分析今天的几类家长，一类把小孩送到寄宿制学校交给老师后万事大吉，放弃家庭教育；二类沦为学校应试教育的帮凶，帮着老师压迫孩子，周末还要孩子上各种补习班，对孩子的健康、情感、人格、个性不关注；三类更是用力过猛，想尽各种办法“不让孩子输在起跑线上”，孩子不堪忍受，各种“困难”随之产生。实际上，最好的家庭教育是爱和陪伴。德国人极为重视家庭教育，德国也是唯一把父母教养儿童的义务明文写入宪法的国家。他们注重培养孩子一生的习惯和解决问题的能力，德国人的很多好习惯都是家庭教育的结果，比如严谨、守规则、守信用、有公德等。

2. 学校的施教不当

现在有些学校的教育离教育本质渐行渐远，他们没有将学生的发展置于学校“正中央”。一些教师用“偏、怪、难”题袭击学生，存在过度重视文化知识传授而忽视人文素养培养的情况。

3. 受不良社会风气的影响

浮躁、功利的社会风气，使得教育遭受了重灾。望子成龙的传统心理、优质教育资源的稀缺，让很多家长焦虑不堪，进而演化为整个社会的焦虑。我们似乎忘记了教育首先是把孩子培养成为一个完整的人。

马丁·路德说：“一个国家的繁荣，不取决于它的国库之殷实，不取决于它的城堡之坚固，也不取决于它的公共设施之华丽；而在于它的公民的文明素养，即在于人们所受的教育，人们的远见卓识和品格的高下。”学校要立足学生的全面发展，科学施教，同时要重视社会和家庭的影响，逐渐形成教育合力，使学生真正成为全面和谐发展的人。

二、要想方设法关注、关爱学困生和德困生

1. 要保护学困生、德困生的自尊心

教师最细致、最艰巨的任务之一，就是爱护并发展学生的自尊心。教师要因材施教，做到目中有人。要关心学生的内心世界，不可粗暴地把自己的意见强加于他们，要耐心地听取他们的意见，以平等的态度对待他们。对班上学习有困难、行为习惯不好的学生，教师尤其要保护其自尊心，多关注、关爱他们，仔细分析成因，帮助他们制

订个性化成长计划，让他们每天都感受到进步。

2. 要帮助学困生、德困生建立自信

要让学困生、德困生获得自信，要理解他们当下的困难，相信每个学生都能成为好学生。美国心理学家罗森塔尔曾做过一项实验。他对学生进行测验后将一份“最有前途者”名单交给了校长，校长将名单交给了班主任。8 个月后，罗森塔尔和助手发现，名单上的学生成绩大幅度提高。其实名单上的学生是随机选的。学生成绩提高的秘诀很简单，因为教师更多地关注他们。

信任和期待是一种能量，它能改变人的行为。当一个人获得另一个人的信任、赞美时，他便感觉获得了支持，获得了积极向上的动力，从而更自信，尽力达到对方的期待。此外，教育本身是非常个性化的事情，教师要针对学困生、德困生的具体情况，发现他们的优点，帮助他们克服缺点、建立自信。

3. 要鼓励学困生、德困生自强

教师要鼓励他们怀揣理想，做幸福的普通人。要激励他们成为具有积极人生观的人，具有健康状态的人，会学习、有智慧的人，会合作、待人以宽的人，会生存、能独立的人。

三、要想让学生抬起头来走路，教师不能跪着教书

教师不仅要有很强的学习力，还要有很强的思辨力，更要有很强的是非观。教师要内心明亮，挺直腰杆，站着教书，方能引导学生求真、向善、尚美。如果教师自己的人格、情操处于“跪着”的状态，

学生就难以抬起头来走路。

古希腊著名教育家、哲学家柏拉图说，一个人从小受的教育把他往哪里引导，能决定他后来往哪里走。面对一个个鲜活的生命，教育人要做的是让每个学生都抬起头来走路！

辑四

坚守本真，走向成熟

每一所学校都有她的文化基因，但有些文化特质是共同或相通的，比如，文化的起点和归宿都是指向人，指向人的成长和发展。

让优秀的人培养出更优秀的人

近日，广西中小学教师招聘网上的一则信息在微信朋友圈里被反复转发。信息说的是广西壮族自治区 2019 年预计招聘中小学教师 19772 人，结果到报名截止日，尚有 1835 个教师岗位无人报考，4612 个教师岗位报名不足 3 人，达不到 3：1 的开考比例。类似这种教师招聘的尴尬局面并非广西独有，也不是现在才出现，据报道，2018 年安徽省中小学教师招聘考试全省 744 个职位无人报名，1643 个职位未达到开考比例，1546 个职位资格审查合格率为零，515 个职位资格审查只有 1 人合格，2228 个职位无人缴费，3318 个职位竞争比小于 3，其中 244 个职位竞争比为 2：1，103 个职位竞争比刚好达到 3：1。

相较于公务员报考的火爆，教师招聘却遭此冷遇，令人无比揪心，这一热一冷，值得深思。

说到教育，很多人把目前教育领域的一些问题一股脑儿推给学校和教师。实际上，教育是一个系统工程，学校教育并不是万能的。有的人抓住教师队伍里极个别有违师德的现象以偏概全，在网上热炒。很多时候，教师的教育行为稍有不妥就被家长和学生投诉到教育局，或拿到网上去晒。我们如此对待传递文明火种的人，又有多少人愿意往这个队伍里钻呢？

中国自古有尊师重教的传统，“先生”是古人对师者的最美称呼。一声“先生”，体现出先人对知识的无限敬仰、对教师的无比尊重。

荀子有言："国将兴，必贵师而重傅；贵师而重傅，则法度存。"现如今很多年轻人视做教师为畏途，削尖脑袋想挤进公务员队伍里，很多教师岗位则无人问津，这是我们民族和国家的痛！如何将优秀的年轻人吸引到教育事业中来，实现让优秀的人培养出更优秀的人，是一个事关民族兴旺、国家富强的重大课题。笔者以为，可以从以下三个方面努力。

一、让教师有职业尊严

应该说，党和政府对教育事业越来越重视。2018 年全国教育大会和《中国教育现代化 2035》，都从国家层面对教育事业做了整体性、制度性安排。"百年大计，教育为本""教育大计，教师为本"的思想正深入人心。因此，强化教育的专业性，加强师范教育势在必行。

2019 年 3 月，《北京市教师教育振兴行动计划实施办法（2018—2022 年）》发布，师范专业将改变以往的录取方式，统一放在提前批次录取；所有在读师范生均享公费教育。这样，从源头上保证了教师职业的择优和尊严。这些得到国家重视又具有专业素养的人，大学毕业后来到中小学校里可以发挥自己的聪明才智，心情愉快地工作；在社会上可以获得大家的尊重、赏识，信心满满地生活。教师有了职业尊严，就会主动去拓宽自己的视野，丰盈自己的精神，从而更加热爱自己的事业。只有教师具有宽胸怀、高眼界、大智慧，才能培养出乐观聪颖、具有世界眼光的一代代新人。

二、让教师有待遇保障

多年前颁行的《中华人民共和国教师法》明文规定，教师待遇要相当于或略高于公务员的待遇。有的地方政府较好地履行了自己的法定职责，对教师与当地公务员一视同仁。但是，还有很多地方政府视《中华人民共和国教师法》为“挂在墙上的老虎（纸老虎）”，随意克扣教师的绩效工资等。前几年各地发生的教师讨薪事件，真令人伤心无语。要让优秀的年轻人进得来、留得住、干得欢，就必须切实提高教师的政治待遇和经济待遇，不能面对教师的合理诉求，口惠而实不至。

可喜的是，在 2019 年的全国“两会”上，部分代表、委员提交了教师待遇方面的建议和提案。山东省教育厅巡视员张志勇代表提出，尽快设立“人民教育家”国家荣誉称号，建立国家级教师表彰奖励制度，设立“国家教师奖”，加大教师奖励力度，切实提高广大教师的政治待遇和社会声望。重庆市谢家湾小学校长刘希娅代表建议，建立逐年提高教师工资水平的财政制度，提高教师的工资水平；严格落实教师的平均工资水平不低于或者高于当地公务员的平均工资水平的政策，做到“有法必依”，将教师纳入“车补”政策执行人员范围。湖北省人大常委会副主任周洪宇代表指出，教师队伍建设是我国建设教育强国的一项基础性工作，建议推出教育公务员制，以此吸引优质生源去报考师范院校。但愿这些建议能够尽快落地，从而实现让优秀的人培养出更优秀的人。

三、让教师有出彩的舞台

在解决教师的生活需求后，要为教师出彩创造条件、搭建舞台，使其发挥自身的特长，彰显自己的价值。

为此，相关部门一要为教师营造良好的从教氛围，最大限度地减少非教育因素对正常教育教学活动的冲击，减轻教师的工作压力和负担，让教师轻松、愉快地工作。二要为教师的成长、发展提供机会，尽可能有计划、有步骤地组织一些学习培训等，让教师们用源源不断的活水滋养教育的田野。三要为教师搭建展示才艺的舞台，通过课堂观摩、教学竞赛、特长展示等活动，让教师们尽情绽放职业的魅力和人生的精彩。四要为教师开启上升通道，比如，将一批师德高尚、业务精良、要求上进的教师推送到学校领导岗位。五要把教育该管的归还教育，如在职称评聘、绩效奖金发放等方面，可以由教育局、学校和教师来确定。让教育行业真正实现多劳多得、优劳优酬，让教师们都有满满的职业归属感、获得感和荣誉感。

有道是一个人遇到好老师是他和家庭的幸运，一个国家好老师不断涌现是这个国家的幸运。让一大批有教育情怀、理想抱负、真才实学的年轻人义无反顾地投身教育事业，体面、愉快、轻松地生活，用心、用情、用力地工作，是政府和社会应尽的职责。

专题研修让教师更快成长

在新学期来临之际，组织教师听报告、做研修几乎成了各级各类学校的规定动作。这是必要的。可一些学校组织的教师研修活动，给人随意性、碎片化的感觉，往往事倍功半。

教师研修不能临时抓到什么是什么，遇到什么讲什么，也不能不顾教师的实际需求硬塞给他们一些东西，教师研修专题化、课程化是必然的趋势。学校可以组织以下专题研修。

专题一：专家引领，实现教师对职业的认同

在现实生活中，“干一行，怨一行”的情况充斥各行各业。包括教师在内的很多人对自己的职业缺少归属感和认同感，这对所从事的工作是十分不利的。这就提醒我们，研修活动首先要围绕教师的职业认同展开。

一是可以请专家回顾中外教育发展史，让教师们对此有所了解。要让教师初步了解中外教育史上影响较大的教育思想和教育制度等，更好地认识今天的教育现状。

二是可以请专家介绍历史上的著名教育家，提升教师们的职业成就感。从孔子到陶行知，从苏格拉底到苏霍姆林斯基，几千年来，古今中外的教育家灿若群星。他们面对纷繁复杂的教育现象，思之行

之，积累了大量的教育教学经验，值得我们好好研究、细细体会。站在巨人的肩膀上，我们能看得更准，看得更远。

三是可以请专家阐明教育的本质特点，增强教师们辨别真假教育的本领。教育发展到今天，似是而非的观点和做法比比皆是，一些学校里存在非教育、伪教育甚至反教育的行为。英国教育家洛克在《教育漫话》里写道："教育上的错误比别的错误更不可轻犯。教育上的错误正和错配了药一样，第一次弄错了，决不能借第二次第三次去补救，它们的影响是终身洗刷不掉的。"因此，一定要让教师理解教育的本质特点是有目的地培养人，要让教育驶入健康轨道。

专题二：文化浸润，加深教师对学校文化的理解

学校文化建设是学校发展过程中一个十分重要的课题。没有文化的学校犹如一个没有灵魂的人，不过是一具行尸走肉罢了。如今，从教育管理部门到各类学校的校长，都对学校文化建设非常重视。每一所学校都有她的文化基因，但有些文化特质是共同或相通的，比如，文化的起点和归宿都是指向人，指向人的成长和发展。因此，我们在组织研修活动时，可以把学校文化作为一个专题。

学校文化不是写在纸上、贴在墙上的东西。学校文化是办学方向与要求、教师特长与个性、学生特点等诸多因素长期积累融合的结果。要让教师清楚了解学校文化，让学校文化逐步融入教师的血液里。深刻理解并认同学校文化的教师，往往有较高的工作热情。

专题三：落实常规，淬炼教育教学的基本功

在当下教育领域里，课堂改革的热潮一浪高过一浪，这是教育人积极思考、勇于探索的好现象。但是，课堂改革的基础是脚踏实地落实好教学常规。可以把如何落实教学常规作为专题研修的内容。具体来讲，可以从以下三个角度来落实。

一是细读课程标准，掌握其精神实质。课程标准是各学科的纲领性文件。2001 年，教育部颁发了中小学各学科课程标准，之后在广泛调研、听取一线教师意见的基础上，有关专家对课程标准进行了修订。每个学科都要依据课程标准组织教学活动。在开学前学校可以组织专题研修，要求教师再读、熟读课程标准，真正领会并掌握其精神实质。

二是认真研读学科教材，掌握其编写体系。现在课堂教学效率低是普遍现象。当然，这里面有多方面的原因，比如，教师教学经验不足，对学情了解不够等。有一个重要原因是教师对教材研读不够，解析教材的能力欠缺，没有整体把握教材，导致教学时只见树木不见森林。翻阅很多名师的成长档案，发现他们成长的路径各异，可有一点是大致相同的，就是他们都曾花大力气、下苦功夫不厌其烦地研读教材，从教材中读出了属于自己的独特感受，将教材体系嵌入了脑海。一个掌握了本学科教材体系的教师，走进教室时就有了专业底气和教学自信力。

三是仔细研究学情，了解学生的生理、心理特征。了解学情是组织教学活动的起点，唯有充分了解学情，教师才能给予恰当引导，教育教学才能凸显它的力量。苏霍姆林斯基在《给教师的建议》一书中写道，没有一个学生是抽象的，所有学生都是一个个有血有肉的活生

生的人。学校可以组织专题研修，让教师了解并掌握学生的生理、心理特征，做到对学生的情况了然于心。

本文只谈了三个专题，因为教师对职业的认同、对学校文化的掌握和对教学常规的落实是最迫切需要解决的问题。其实，围绕教师成长，还可以设计很多专题。如果我们每个寒暑假集中力量聚焦一个专题，不贪多求全，坚持三五年，教师们的成长一定看得见。

写给成长路上的教师

正像每个学生心里都有成为好学生的愿望一样，成长路上的每位教师心里也蕴藏着一个梦想：成为一位学生喜欢、同行认可、社会称赞的好教师。怎样才能如愿以偿呢？这里给出三点建议。

一、借鉴前辈的经验

一个走在成长路上的教师，要借鉴前辈的经验。孔子说："三人行，必有我师焉，择其善者而从之……"说的是我们身边处处有可资学习的人，要注意发现他人的优点。韩愈说："闻道有先后，术业有专攻。"除了向书本学习外，我们还要向生活中的能者、智者学习，因为很多东西在书本里是找不到的。

一是了解前辈高尚的教育情怀，明确自身的责任与使命。"捧着一颗心来，不带半根草去""人生为一大事来，做一大事去"，正是陶行知心如止水、执念一事的真诚表白。

二是用前辈探索出的科学理念指导自己的教育教学。孔子的"因材施教""有教无类"等教育原则，叶圣陶的"教育就是培养习惯""教是为了达到不需要教"的精辟论述，新课程倡导的"以学定教""先学后教"等教育理念，都应该融入教师的血液，成为教育工作指南。

三是以学科名师作为学习的榜样。学科名师在教育教学方面各有所长、各具特色，值得我们仔细研究。就语文学科而言，小学语文大家于永正老师的“五重”教学法、中学语文大家钱梦龙老师的“三主四式”教学法，对我都有很大的启发。我们要认真研究所教学科名师，学习借鉴其经验。

走在成长路上的教师，要经过学习、模仿、创新三个阶段，只有站在成功者的肩膀上，才能看得更远。

二、不断反思

很多优秀教师成功的秘诀就是经验 + 反思。有反思意识、反思习惯的教师，他的教学态度是谦虚的，工作作风是踏实的，他的课堂教学往往能给人耳目一新的感觉。要养成反思的习惯，没有反思的经验是狭隘的经验，顶多只能成为肤浅的知识。如果教师仅仅满足于获得经验而不对经验进行深入思考，那么，他的专业发展将受到限制，甚至教学水平会滑坡。一节课下来，你有没有勇气这样问自己：这节课是怎样上的？是不是如我所希望的那样？怎样用教和学的理论来解释我的课？学生的学习效果如何？上课时改变了教学计划中的哪些内容？为什么改变？是否还有一些问题未解决？根据这些问题，你就可以判断自己是否成功地完成了教学目标，下次是否需要重新计划或尝试新的策略。可以说，不断反思的教师，从某种意义上说就是好教师。

三、积累自己的“课堂作品”

教师要注意积累自己的“课堂作品”，让它们成为自己职业生涯中的珍贵财富。“课堂作品”包括教学后记、教学课例、教育故事、教育案例以及学生作品等。

有人说，一个年轻教师只写教案，即使写四五年也不见得会成熟。如果他在写好教案的同时持续地写教学后记等，那他离成功就不远了。每天，当我们结束一次与学生的倾心交谈，或完成一个课时、一个章节的教学任务时，总会有些心得，这时不要急于忙别的事情，应该对刚刚完成的这项工作做一番疏理、沉淀，坐到办公桌前记下这些心得。这样的记录既可以是一段话，也可以是一篇短文，要及时、真实地进行。

写教学后记等最怕三天打鱼，两天晒网，需要持之以恒。走在成长路上的教师，要有积累“课堂作品”的计划。比如，一个星期写一篇教学后记，两个星期写一个教学课例、一个教育故事，一个月写一篇教育案例，一个学期收集一本学生优秀习作。只要用心、用力，这样的计划是可以完成的。日积月累，教育教学生活中的这些点点滴滴，将丰富你的人生。如果进一步将自己的教育教学经验系统化、理性化，三五年之后，也许你就可以出版个人专著了。

走在成长路上的教师，要勤于学习，善于反思，精于积累，不断地淬炼自己，有意识地追赶名师，走着走着，也许你会发现自己就在名师之列！

教师的“诗和远方”在哪里

日复一日、年复一年地教书，很多教师会问：我们的“诗和远方”在哪里呢?

一、在我们对教育事业的大爱情怀里

“没有爱就没有教育”，先辈之言掷地有声。教师要对自己从事的工作有认同感、归属感和自豪感。社会不允许一个理想信念缺失、精神萎靡、心灵灰暗的人去贻误学生。要坚定儿童立场，深入了解教育对象，要了解他们的知识结构、家庭背景等；要走进他们的心灵，去研究那比海洋、天空还要深邃、辽阔的心灵。

教育者面对的是一条条鲜活的生命，我们必须尊重、保护与关爱学生，唤醒、激励学生。要树立相信学生、解放学生、发展学生的理念，把研究学生当作教师的毕生课程。在对学生传授科学文化知识的同时，着力培养学生正确的情感、态度和价值观，引导学生养成良好的习惯。

教师要把教育当作事业来追求，不断修炼自己，成为一个有大爱情怀的人。

二、在我们对学科知识的执着追求中

爱学生、会学习、能上课、善研究、懂沟通、讲合作，这是时代对教师的要求。首先，教师要深刻理解学科基础知识和专业技能。这样，就不会把错误的知识和技能教给学生，还会有更多时间去关注教学进展情况和学生的学习状况。其次，要掌握与学科相关的知识背景及学科发展趋势。有句话说：要给学生一杯水，教师就要有一桶水。这样，才可以激发学生发现问题、解决问题的动力，培养他们的探索和创新精神。再次，要熟悉学科领域的重要人物。比如，语文教师要体会“上下而求索”的屈原、“不为五斗米折腰”的陶渊明、“天子呼来不上船”的李白等先贤的语言和人格的力量。

总之，教师有系统、扎实的学科知识，才能准确把握自己讲授的内容，将知识活化；才能教给学生掌握各种知识、技能的方法，激发学生的潜能，引导学生在知识的海洋中畅快地游弋；才能根据不同的教育对象选择有效的教学方法进行教学，充分发挥学科育人的价值。

三、在我们放飞激情与梦想的课堂教学中

课堂是师生共同成长的地方。在课堂上，我们对话经典，体悟世界，洞悉人生。我们在这里遥望深邃而辽阔的大地，憧憬幸福而卓越的人生。

我们的课堂教学必须满足学生的好奇心、展示欲和创造性。课堂应该是学生的课堂，要把引导学生自主探究作为教学的根本出发点，把课堂上的时间、空间和主动权交还给学生，让学习真实地发生在学生身上。我们要解放学生被禁锢的心智，解放学生被束缚的个性，让

学生僵化的头脑能够异想天开，让学生萎缩的人格能够大放异彩，让学生真正成为学习的主人。

我们要做有诗意的教师。有诗意的教师，不会人云亦云，亦步亦趋；有诗意的教师往往是发现和创造的主人；有诗意的教师往往有乐观豁达的心态与健康的生活方式，始终保持平常之心、向上之心。

教育要走出“比较”的泥沼

又是一年高考放榜时，一些区域、学校一如既往地在网上晒出高考胜利的信息，暗含着与其他区域、学校相比较而产生的快意。笔者以为，教育这项功在当代、利在千秋的伟大事业，很多时候是不好比较的。

一、区域之间有差异，不好比较

中国幅员辽阔，区域差异巨大，区域教育是不好比较的。

一是经济发展水平不同。教育受到经济基础的影响和制约。教育的发展要有雄厚的经济做后盾，教育又能反哺经济，为经济发展提供人才和智力支持。经济发展良好的地方教育发展往往是好的或比较好的。

二是对教育的重视程度不同。有的地方十分重视教育，有的地方则不重视教育。越是重视教育的地方，教育发展往往会越好。

三是教育起点不同。受经济发展等因素影响，不同地区教育的起点不在一条水平线上，这也会影响教育的发展。

区域教育不好比较，如果非要勉强去比较，当然能够给那些处于优势地区的人以很大的心理满足，但这没有多大实际意义。

二、学校之间有差异，不好比较

很多人喜欢对学校进行比较。实际上，学校之间也是不好比较的。

一是学校文化不同。一所学校有自己的文化基因。比如，有的学校只盯着高考成绩，把学生的时间安排到分分秒秒，学生成了考试机器，整天刷题。这样的学校，也许会取得较好的高考成绩，但这样的做法值得称道吗？

二是师资水平不同。师资水平影响一所学校的教育质量。如果学校有一支富于激情、勤于学习、勇于改革、善于总结的师资队伍，这所学校的教育质量就差不到哪里去。

三是学生基础不同。现实情况下，不同学校的学生基础是不同的。有的地方将一个县的优质生源全部集中到县内最好的一所学校或是一两所学校，很少会全县“一盘棋”考虑，这就造成学生的起点有很大的差异。

三、学生之间有差异，不好比较

在一所学校里，学生之间除基础学力存在差异外，还存在以下差异。

一是家庭背景不同。不同的学生有不同的家庭背景。同一个班级里，有的家长文化层次高，重视家庭教育，对孩子言传身教，孩子健康地成长着。有的家长文化层次较低，一味溺爱孩子，不注意引导，致使孩子到学校后出现这样那样的问题。有人说，一个问题孩子的背后有一个问题家庭。此言不虚。

二是行为习惯不同。学生的行为习惯，主要在家庭里形成。有些家长重视孩子行为习惯的培养。良好的行为习惯，能为孩子的学习奠定基础。久而久之，那些具有良好行为习惯的学生往往会逐步领先，学生之间的距离渐次拉开。

三是意志品质不同。有的学生学习自觉性高，自制力强，做事坚持不懈，是德、智、体、美、劳全面发展的人。这样的学生人见人爱，但我们不能奢望所有的学生都能做到这样。

一个地区，如果非要通过比较找差距，看到别的地方出了成绩马上学，不管条件许不许可、时机成不成熟，结果往往会把自己的特色给弄丢。一些学校，非要比升学成绩，置学校文化建设、内涵发展于不顾，总是跟在别的学校后面追，他们为什么不依据本校的文化和师资优势等扬长避短，做不同凡响的“这一个”呢？学生之间有较大的差异，硬要对他们进行比较，可能会比出问题来。况且不同工作岗位对人才有不同的要求，没有必要去比较。因此，教育必须走出“比较”的泥沼，摒弃功利。

把时间还给教师

最近一段时间，多篇聚焦中小学校及教师负担的文章在网络上被反复转发。这些负担主要分两种情况。一种是外部对教育的“关照”。如《什么都“进校园”，校园能装下吗？》一文说道，这些年有一种现象，那就是说到什么重要，就要“进校园”。如“法治进校园”“消费维权进校园”“生态文明进校园”“消防安全进校园”“防震减灾进校园”“廉政进校园”等，林林总总不下 40 项，让学校和教师百般无奈。

还有一种情况——非教学任务占用教师大量时间。如《钱江晚报》2018 年 10 月报道，近三年来，杭州市某区教育局接到各种与教育无关的临时任务多达 188 件，如《关于保护耕地节约用地征文比赛的通知》《关于开展“世界艾滋病日”宣传活动的通知》等。一所学校开学才一个多月，相继举办扶贫走访、语言文字规范、平安城区建设等各种活动，让教师们不堪重负、疲于应付。教育管理部门自身也频繁下发文件、通知。一些学校实行“痕迹化”管理，逼着教师花费时间去当“表叔”“表嫂”，让他们很受伤。

我以为出现这些问题，主要有以下几个原因。

一是社会各界对教育本质的理解有偏差。很多部门以关心、重视教育的名义让各种活动“进校园”，在他们看来，主动找上门来，是对教育工作的关心和支持。

这些“进校园”活动呈现出重“进”轻“建”的状态，有的活动甚至就是图个形式。

教育是有目的地培养人的活动。如此“关照”，实际上消解了教育的专业性。“进校园”活动你方唱罢我登场，学校正常的教育教学秩序如何保证？

二是教育管理部门缺少担当，不自信。教育的出发点是学生，落脚点还是学生。教育管理部门按照教育规律办事即可。可是，有的教育管理部门并没有意识到这一点。一些区县教育局扮演的基本上是“传声筒”的角色，工作上依葫芦画瓢，以文件贯彻文件，以会议落实会议。之后，怕没落实到位，于是成立专项工作督查组，领导挂帅，相关科室负责。一个中等规模的区县教育局下辖科室一般在12到16个。这些科室排着队去学校检查这个检查那个。问题是，这般查来查去，严重干扰了学校正常的教育教学秩序。

2017年新教育研究院发布的《关于“减少教师非教学工作”的调查报告》显示，教师“真正用于教学及相关准备的时间在整个工作时间中占比不足1/4，剩下的3/4是去完成更为耗时耗力的非教学任务”。教师天天忙于杂事，教学反而成了副业，有的教师甚至调侃自己成了“挤”时间备课的人。现在的检查形式多半是看资料，而资料多半又是学校领导召集教师、学生突击“造”出来的。有的检查者装模作样地检查一阵，表扬一番。

真正要办好教育，就要尊重常识，遵循规律，排除干扰，真抓实干。教育管理部门和学校管理者要转换思维，“有所不为，才能有所为”，在管理工作中多做“减法”。比如，教育局在选聘校长时，应该全面考察，一旦确定人选就充分信任，奉行“用人不疑，疑人不用”的原则，充分相信每位校长都有把自己所负责的学校办好的意愿和能力，鼓励他们大胆改革创新，落实立德树人的目标。学校管理者应该树立教师是学校发展第一资源的理念，相信每位教师都有成为好教师的愿望，都会尽力教好书育好人。要尽量让学校管理者、教师和学生少受各种干扰，专心、安静地办学、教书和读书。

值得庆幸的是，2018 年 10 月，中共中央办公厅印发了《关于统筹规范督查检查考核工作的通知》。通知明确要求：“从中央和国家机关做起，各级党委和政府要坚决撤销形式主义、劳民伤财、虚头巴脑的督查检查考核事项，大幅度压缩数量，对县乡村和厂矿企业学校的督查检查考核事项要减少 50% 以上。”可以说，这是给基层单位下的一场及时雨。

也许我们高估了教师的作用

华东师范大学叶澜教授在《教师首先要自己像人一样地活着，才能对别人产生影响》一文中写道：“每一代的教师都会面对一个时代教师使命的新要求，但教师使命也有一些不变的内容，那就是教师的事业始终是对人的一生负责的一个事业。”

叶澜教授是我非常敬佩的当代教育名家，她不是一个蹲在象牙塔里做研究的专家，而是行走在教育田野里把理论与实践结合得很好的学者。她一生致力于“新基础教育研究”，扎根在自己的实验田里，辛勤耕耘，硕果累累。她提出的基础教育要为学生打好“三底”——底线（遵循做人做事的准则）、底色（有健康的身体和心理品质：自信、温暖、阳光）、底蕴（借助所学文化知识形成学习能力、思维能力和创造能力），为广大教育同人所接受。

她在这篇文章中说，“教师的事业始终是对人的一生负责的一个事业”。我在想：教师真的能对学生的一生负责吗？

无疑，家长把孩子交给学校，作为专门的教育场所、专门的教育人，学校、教师确实有一份责任。教师不仅要教给学生知识和能力，还要在兴趣、方法和习惯以及情感、态度、价值观的培养等方面倾注心血，让学生“三底”扎实，全面和谐发展，将来为社会、为国家做出自己应有的贡献。

学生走入社会后，教师还能对他们以后的人生负责吗？回答是否定的。学生离开学校后，教师的作用和影响会逐步弱化，这是一个不争的事实。一个人的成长和发展会受到各种因素的影响。

一是受社会环境影响。社会环境对人的发展产生重要影响。走入社会后我们往往才发现理想很丰满，现实很“骨感”。很多人评价一个人，往往只看他当了多大的官，赚到了多少钱。这样的价值取向使得整个社会弥漫着浮躁功利的氛围，一些踏实干事的人常常看不到前途，而有些吹牛拍马之徒则平步青云。

二是受家庭环境影响。孩子受家庭成员的影响非常大。有的家长自身“三观”不正，而且向孩子输入一些不正确的价值观，对孩子造成非常不利的影响。

人是会变的，有的向好的方面发展，有的向坏的方面滑行。学生走出校门后，看到社会上种种不如意的事内心会产生波澜。这也许会激励人奋发有为，也许会浇灭人心中的向往。有些人缺乏做幸福的普通人的心理准备，只想升官发财。有些人忘记了“勿以恶小而为之”的古训，由小恶酿成大恶，最终身败名裂。

教育工作者的全部工作在于为人师表。教师如果能做到这一点，确实能对学生一时乃至一生产生很大的影响，成为他们心目中永远的镜子。但要求教师对所有学生的一生负责，我以为是不可能的，也是做不到的。行文至此，我想起了美国医生特鲁多有关医生作用的一句话：偶尔治愈，常常帮助，总是安慰。实际上，很多时候教师的作用类同于医生，只是我们常常高估了教师的作用。

中年教师的忧与优

收到一位老师的短信，说自己困惑缠身："我教了 12 年语文，很迷恋语文。现在教二年级一个班的语文，还当这个班的班主任。我很想把语文教好，但总觉得自己的专业水平达不到，于是尝试恶补语文专业知识。但是我记性不好，背过的诗歌过两天就忘记了，教育理论也不容易读进去，工作中总有种挫败感。有时候觉得自己就像一架机器，被动地上班，每天有忙不完的事，班级事务、领导指示、作业检查、学校活动等，忙得没有时间安下心来备好一堂课。现在有了第二个孩子，已经两岁多了。晚上我总是睡不好，担心她着凉，上班回家后要陪她玩，就更没有时间钻研业务了。我究竟该怎么取舍？工作优先还是家庭优先？"

这位老师说出了目前很多中年教师的"忧"。古语说四十不惑，而实际情况是，人到中年，最为不易。中年教师，积累了一定的教育教学经验，面对不同的教育教学情境，往往能够应付自如。但是，很多教师这个时候感觉自己被"掏空"了。我曾听一位老师深有感触地说，教了近二十年的初中，一些技能必须从头学起，真有些力不从心、茫然无助的感觉。加上学校里有很多与教育教学无关的事要教师去完成，教师被工作压得喘不过气来。

中年教师上有老下有小，生活压力往往也让他们喘不过气来。赡养老人、抚育孩子，是最不能等的两件事，错过任何一件都会让人遗憾终生。

其实，除了有诸多困惑外，中年教师也有很多优势。

首先，中年教师对职业特性往往有比较明晰的认识，对教育的本质往往有全面而深刻的理解。面对各方面有差异的学生，他们会注意因材施教。他们会注重学习兴趣、习惯等的培养。他们的教学方法不再是生硬的。

其次，中年教师往往有比较扎实的专业素养。中年教师在教学中不断积累经验，提升自己的专业素养。经过时间的锤炼，他们对自己的专业素养往往是有信心的。他们对教材的重点、难点，学生的学习盲点、痛点往往有清醒的认识，能够落实课程标准的要求。

中年教师怎么才能做到工作、生活两不误呢?

一是合理安排时间。争取在工作时间内完成工作，不把工作带回家。

二是处理事情分清轻重缓急。要遵循“要事第一”的原则，安排好事情的先后次序。

中年教师只要有目标，有行动，发挥好自身优势，就可以摆脱困惑，遇见不一样的自己。

辑五

追寻本质，放飞理想

教师除了教好教材，还要经常教一些教材里没有的东西，比如激情、理想和意志力，这些东西学生留得住、带得走。一个有激情、有理想、有意志力的人，他的人生一定会不同凡响。

我的教育理想

每个教育工作者的内心深处，都有一个教育理想。我的教育理想是这样的。

一、理想中的教育有人文教育、学科教育、公民教育

一是人文教育。人文教育以塑造完整健全的“人”为出发点，每个人都应该接受人文教育。总体而言，我们目前的人文教育还没有形成完备的体系。

二是学科教育。当今的教育偏重学科教育，这导致一些学生有知识无智慧、有欲望无理想。

三是公民教育。我们总感慨发达国家人员素质高，我以为这是他们重视公民教育的结果。而我们周围有些人素质低，公德意识差，这是几十年来我们忽视公民教育的结果。基础教育阶段加强公民教育刻不容缓！

二、理想中的学校有德才兼备的教师、心理咨询师、营养调配师

一是有德才兼备的教师。一个人在青少年时期能够遇上一个好老

师是他一生的幸运。在我理想中的学校里，教师是一群“敬业爱岗，业务精良，教书育人，立德树人”的天使。他们是派往儿童世界去的文化使者，是延续文明香火的人；他们言传身教，润物无声；他们关注每一个学生的品德修养和习惯养成。

二是有心理咨询师。学生是一个个正在成长的生命体，他们的身体在发育，性格在养成，精神在成长。他们渴望长大，但诸多问题纠结于心，这就需要有专业的心理咨询师走进他们的世界，引导他们成为身心健康的人。

三是有营养调配师。营养调配师这一角色在当今学校工作中显得尤为重要。因为学生正处在长身体的时候，如果营养调配师能根据每个学生的身体情况，制定出个性化的配餐方案，那么，学生的身体将会得到最好的呵护，学生将能健康地成长。

三、理想中的教师有学习力、审辨力、教育力

一是有学习力。有人说，三十岁以前看学历，三十岁以后看学习力。一名教师，起点低不可怕，知识结构不全也不可怕，最怕的是拒绝学习。一名具有持续学习力的教师，就能不断地成长、成熟，并走向成功。

二是有审辨力。面对纷繁复杂的世界和海量的信息，我们的教师要有审辨力，要能独立思考，准确判断事物的真假善恶，要有透过现象看到本质、发现问题背后的问题的能力。

三是有教育力。唤醒、激励、影响，是我理解的教师的教育力。教师要唤醒学生对美好人生和幸福生活的向往；激励学生求真、向善、尚美；用高尚的品德和丰厚的学养去影响学生，让自己成为学生

生命中的重要他人。

四、理想中的校长有情怀、定力、行动力

一是有情怀。学校管理者应该对教育有宗教般的情怀。唯其如此，才能心无旁骛，用心经营好学校，把师生的成长、学校的发展时时放在心上。

二是有定力。校长有定力，就不会被浮躁的社会风气和教育内部的功利裹挟。校长要学习郑板桥《竹石》一诗里的竹子精神："咬定青山不放松，立根原在破岩中。千磨万击还坚劲，任尔东西南北风。"校长要尽最大的努力让所做的一切接近教育的本质。

三是有行动力。校长作为管理者，需要以行动服人。校长的行为是一种示范。校长要排除非教育因素的干扰，和老师们一起努力向前。

新时代需要每个教育人心怀理想，脚踏实地。只要我们认认真真、扎扎实实地去做，我们的教育理想就能成为现实。

努力成为一位明师

前不久，和很多教育同人议论怎样才能成为一位名师。其中一个朋友淡定地说，在这个追名逐利、物欲横流的社会里，其实最难得的是做一位明师。朋友的话引发我深入思考：什么样的教师称得上是明师？

一、明师明辨是非，明察秋毫

首先，面对各种概念和理论，明师有足够的审辨能力，不会出现“乱花渐欲迷人眼”的情况。明师能够采取鲁迅先生所倡导的“拿来主义”，将那些真正有利于师生成长、学校发展的东西融入自己的脑海里，落实到教育教学行为中，而将那些非教育、伪教育甚至反教育的东西丢弃。

其次，明师不会对名师、专家顶礼膜拜，一味模仿。有这么一个故事，说的是画家齐白石先生当年从湖南湘潭来到北京，他的画立刻受到追捧。好多画家丢掉自己原来的画风，一味模仿这位木匠出身的画家。齐白石先生听说这事后，抚着胸前的长须说：学我者生，似我者死。这句话道出了模仿与学习之间的差别。明师能取长补短而不会失去自我，明白在这个学科里耕耘，哪些是可以借鉴的，哪些是应该坚守的。

再次，明师会用明澈的眼睛去观察、了解学生的情绪状态和言行举止，从他们的点滴表现中发现问题，并及时采取相应的措施来解决问题。

二、明师明确教育的本质和自己的职责

首先，明确教育的本质。蔡元培先生认为，教育的目的是育人而非制器，教育要帮助学生养成健全人格。可见，“育人”比“育才”更重要。明师把立德树人作为根本任务。

其次，明确学科性质和教学职责。明师深入认识自己所教学科的性质，明确自己的职责。明师能激发学生的学习兴趣，教给他们学习方法，让他们养成良好的学习习惯。

再次，明确学生的年龄特征与学识水平，尽可能地落实“因材施教”的原则。学生都是不可复制的“这一个”，这就要求教师在教育教学过程中因材施教。

三、明师精神明亮，不断进取和超越自己

首先，明师有积极的生活态度。他们清楚自己也是普通人，具有七情六欲，知晓柴米油盐之贵，但不会放纵物欲。他们明白生活中不仅有眼前的苟且，还有诗和远方。明师爱教育，爱学生，爱生活，爱真理，崇尚美好，追求理想；拒绝低俗，永远保持积极的心态。

其次，明师不断提高自己的综合能力。明师不断学习和积累，不断拓展自己生命的广度和深度。他们会以自己的语言、行为和情绪状态，潜移默化地感染学生，促使学生积极主动地投入学习。

再次，明师认真学习先辈的教育理论，沉淀自己的教学思想。从孔子到陶行知，从苏格拉底到苏霍姆林斯基，都是明师的杰出代表，他们对教师的专业精神、专业能力等有详细的论述，值得每一位后来者深思。明师着眼于学生未来的发展，是为了学生的明天而存在的人，他们对自己有准确的定位，不会为名所累，急于成名成家。明师善于反思自己的教育行为，提炼自己的教学思想，形成自己的教学特色。

唤醒、点燃和示范

教育是什么？通过一辈又一辈教育人的探索，人们对教育本质的认识越来越明晰。之前，教育的关键词是灌输、传递、塑造等，随着时代的发展，取而代之的关键词有唤醒、点燃、示范等，笔者就这几个关键词谈一点儿认识。

关键词之一：唤醒

1. 唤醒孩子对未知世界的好奇心

刚入学的孩子对那些扑面而来的新鲜事物会问“为什么呀”。这个时候，教师一定要像保护自己的眼睛一样保护好这份好奇心。要蹲下身子，从孩子的视角不厌其烦地和他们交流，对孩子暂时不能理解的，要把这个“为什么”妥帖收藏好，在适当的时候再帮助他们解答。孩子对未知世界充满好奇心，唤醒他们要春风化雨、循序渐进，不能厌烦嫌弃、大声断喝，更不能急功近利、突兀冒进。

2. 唤醒孩子对真善美的向往

在孩子眼里，师生之间、同学之间的相处是单纯而美好的。教师在教育教学过程中要有意识地在孩子面前呈现真善美的事物，一步一步唤醒他们对真善美的向往。同时，还要引导他们了解社会上和生活中的假恶丑，让他们慢慢具备辨析真善美、假恶丑的能力。

3. 唤醒孩子对幸福人生的追求

教育要把“成人”放在第一位。教育者要有正确的世界观、人生观和人才观，首先要把学生培养成合格的男人、女人，合格的丈夫、妻子，其次才谈得上把他们培养成为艺术家和工程师等。我以为，孩子有远大的理想值得点赞，但要引导他们脚踏实地，因为很多孩子将来会成为普通人，教育者要把他们培养成幸福的普通人。

关键词之二：点燃

1. 点燃孩子对科学的求知欲望

面对陌生的世界，孩子的心中好奇与恐惧并存。教育者要想方设法让他们了解这个世界，同时点燃他们对科学知识的渴望，并用科学知识去驱赶隐藏在他们心里的恐惧。

2. 点燃孩子对学科知识的热爱

考察学科教师是否合格乃至优秀的标准之一，就是看这位教师能否引导学生喜欢上他所教的学科。如果学生喜欢一位教师所教的学科，教学氛围就会轻松愉快，教学效果往往就会好。因此，学科教师要深刻领会所教学科的性质、特点，熟练掌握教学方案，这样教师才能在课堂上显出定力与活力，让学生慢慢喜欢上这门学科。

3. 点燃孩子心中的梦想

应该说，来到学校的每一个孩子都有梦想。有的孩子志存高远，将来想成为对社会有较大贡献的人，教师要表扬，要通过切实的行动去点燃并呵护他心中的梦想。要肯定、引导并鼓励他去实现这一梦想。只要孩子的梦想是合乎常理的，我们就要毫不犹豫地伸出大拇指点赞。

关键词之三：示范

1. 用深厚的学识给孩子做示范

只有不断地学习，教师才能有深厚的学识，才能给孩子做示范。教师自己不读书，却课内课外催着孩子读书，这样的教育是没有力量的。“小时候我以为你很神秘，让所有的难题成了乐趣”，从这句歌词中可以看出，孩子对教师的深厚学识是崇敬的。在孩子眼里，教师往往就是学识的化身或代名词。事实上，只有孩子认同教师的学识，教育才有力量。

2. 用良好的素养给孩子做示范

德国学前教育家福禄贝尔说，教育之道无他，唯爱与榜样而已。教师如果拥有爱心与善意，就能在孩子面前自觉地规范自己的言谈举止，以良好的素养给孩子做出示范。我们不要寄希望于一个满口脏话、衣冠不整、言行失矩的教师能够教出一批言语温暖、衣着得体、举止文明的学生。

3. 用高尚的人格给孩子做示范

在所有影响孩子的力量中，人格的力量最为强大。人格的力量是一种整体的力量、综合的力量，它可以给孩子带来极大的感召力。叶圣陶先生说，教育工作者的全部工作就是为人师表。“为人师表”这四个字就蕴含着巨大的人格魅力与教育力量。有一句话是这么说的：教师是学生的镜子，学生是教师的影子。从学生的言行中，能看出教师的影子。这就是教育的力量。

“留下来的那些东西”是什么

我们经常听到这样的话：教育就是忘记了在学校所学知识之后留下来的那些东西。“留下来的那些东西”是什么呢?

一、兴趣、方法和习惯

1. 关于兴趣

常言道：兴趣是最好的老师。如果学生在你们学校里读几年书，毕业时仍喜欢读书学习，对世间万物还保有探索的兴趣，就可以说你们学校的教育是成功的。这说明你们学校在日常教育教学过程中，除了上好课，还组织了丰富多彩的活动。学校生活对学生来说非常重要，要保护好学生的好奇心，尊重他们的兴趣爱好，不强制规定他们只能做什么、不能做什么。

2. 关于方法

一个学生在老师的引导下，掌握了各门功课的学习规律和方法，他的学习往往就是快乐而高效的。华东师范大学教授袁振国先生说，当今社会很多人做同样的一件事，面对同样的场景，遭遇同样的困境，为什么不同的人会有不同的格局、不同的境界、不同的结果?他认为，关键是思维方法，也就是思考问题的方法。思维方法是最高的智慧。知识可以补充，能力可以锻炼，性格可以陶冶，而思维方法一旦成为定式就难以改变。所以，养成良好的思维方法对一个人的工作、生活非常重要。袁教授提出学校要注意培养学生专业思维的建议。学校在引导学生掌握学习方法的同时，还要重视思维方法的培养，这样，从学校里走出来的学生将有很大的潜质。

3. 关于习惯

学生应该养成良好的生活习惯和学习习惯。良好的生活习惯主要是学校配合家庭养成，学校也能有所作为。良好的学习习惯主要是家庭配合学校去培养。对中小学生而言，有两种习惯是必须养成的：一种是自己学习的习惯，一种是随时阅读的习惯。有了这些习惯，学生走出校门后将拥有持续的学习力，而学习力决定了一个人的人生高度。

二、激情、理想和意志力

古今中外对人类有较大贡献的人，面对生活往往激情澎湃，满怀理想，砥砺前行，意志坚定，所向披靡。面对朝气蓬勃、有无限可能的学生，教育者切不可冷若冰霜、老气横秋，切不可把学生教成“少年老成”的人。

教师除了教好教材，还要经常教一些教材里没有的东西，比如激情、理想和意志力，这些东西学生留得住、带得走。一个有激情、有理想、有意志力的人，他的人生一定会不同凡响。

三、人生观和健康的身体

在一所正常的学校里，学生的人生观应该是正确的，他们的人格应该是健全的，他们的身体也应该是健康的。人生观是对人类生存的目的、价值和意义的看法。人生观是由世界观决定的。人生观具体表现为苦乐观、荣辱观和生死观等。一个人的人生观是在一个或多个群体的实际生活中逐步产生和发展起来的。学校是学生形成人生观的重要场所。因此，作为学校里的一员，无论你是管理者、教师还是学生，都对他人人生观的形成产生一定的影响。这就要求学校全体成员都有正确的人生观。

有教育家提出，体育是最好的教育。遗憾的是，一些学校、家庭和社会缺乏这种认识。让学生享受体育锻炼带来的快乐，让学生拥有健康的身体，应该成为基础教育的基本要求。而这也是学校教育留得住、学生带得走的东西。

学校里每位教师都重要

2020 年春节过后，教育界有一则新闻不时刷屏，这就是深圳某小学副校长、名师抄袭事件。之后，深圳市龙岗区教育局对这位教师的学术不端行为做了处理，撤销其小学副校长职务及获得的所有荣誉，将其调离教学岗位。时至今日，网上还有对这个事件的反思文章，有的把矛头指向名师和名师工作室，甚至呼吁淡化名师的宣传和取消名师工作室。

仔细思考名师这个事儿，觉得有话要说。

一、学校里少数“名师”何以亮丽光鲜

应该说，这几年基础教育领域里组织名师评审和名师工作室挂牌，成效是明显的。很多名师和他们所在的工作室发挥了示范、引领作用。但是，浮躁、功利的社会风气等助长了一些教师的名利思想。于是，速成名师、建名师工作室成为一些人梦寐以求的事情。为了获得“名师”称号，有的人不择手段，不计后果。有的教师一旦获得“名师”称号，便从教师变成了“演员”，到处讲课。长此以往，名师成了公众人物，学校似乎管不了了。

一些学校夸大名师的作用，把名师的宣传当成领导的业绩工程，学校领导只盯着几个名师、优秀教师，在教育教学资源的占有等诸多

方面为他们开绿灯，几乎将学校所有的荣誉都堆到他们身上。这样做，助长了部分名师的“骄”气。而那些没有进入名师工作室的教师往往看不到自己的前途，甚至轻慢手上的工作，对学校里的大事小事作壁上观。这样，不但没有发挥好名师应有的作用，反而影响学校的发展。

二、学校的发展凝聚了全体教师的汗水和智慧

有诗云：“一花独放不是春，万紫千红春满园。”学校领导应该让学校里所有教师都站在校园正中央，主动关心所有教师的生活情况、工作状况和精神面貌，尽一切可能让每一位教师都心情舒畅地工作、生活，因为一所学校的发展凝聚了全体教师的汗水和智慧。

令人遗憾的是，不少学校领导没有意识到这一点。笔者曾在教育行政管理部门工作多年，每年少不了到辖区中小学去检查视导，走进一些学校，哪怕是规模很小、只有十几位教师任教的学校，常常可以看到位于学校显著位置的宣传窗里，张贴着几位优秀教师的照片，照片下面是对该教师优秀事迹的介绍。遇到这种情况，我会和校长探讨：如果你是这所学校的教师，而这宣传窗里没有你的照片，每天经过这里时你是什么心情？会有何感想？有的校长明白了我的意思，表示要挂就把全校教师的照片都挂上。

正如相信来学校的所有学生都有成为好学生的愿望一样，我们要相信到学校来工作的教师都想成为学生喜欢的好教师。他们当中有的可能对所从事的工作性质认识不清，有的可能对自己的专业成长缺乏方向和路径，出现暂时的职业迷茫状态，这些都是正常的。学校领导要与这部分教师平等地交流沟通，帮助他们分析现状，让所有教师对

教育工作、对所在学校都有认同感和归属感。

三、学校里每一位教师都重要

管理学告诉我们，所谓管理就是发挥所有被管理者的潜能，最大限度地给被管理者赋能，让每一个人都感到自己很重要。管理学上有一个著名的“木桶效应”，说的是由多块木板构成的木桶，其价值在于盛水量的多少，但决定木桶盛水量的关键因素不是最长的那块木板，而是最短的那块木板。这个理论告诉我们，在一个集体中，既要“扬长”，发挥名师、骨干教师的作用，更要“补短”。学校领导要了解所有教师都有被尊重的需要，帮助每一位教师找到前行方向和成长着力点。只有这样，才能最大限度地发挥所有教师的智慧和才干，彰显整个团队的力量。

评选名师和建设名师工作室当然还得继续，只是要相对淡化，更不要神化。要出台更优的评选机制，重点考查教师是否真正把大爱之心用在所有学生身上，是否把教研成果运用于课堂教学中。名师应该是师德高尚、专业精湛、获得师生和社会认可的教师。同时，不要以为评了几个名师，建了几个名师工作室，学校的师资队伍建设就到此为止了。要明确名师成长是一个过程，需要长期历练与提升，管理部门要加强监督，要给他们切实而具体的成长目标，让他们真正发挥示范、引领作用。名师自身要自律，不能一朝为“名师”，原地踏步而终身享用之。

使现有的教育资源相对均衡地分配，加强教师队伍整体建设，是当前和今后教育部门的重要工作。2018 年，国务院颁布了《关于全面深化新时代教师队伍建设改革的实施意见》，提出“要支持教师和校长大胆探索，创新教育思想、教育模式、教育方法，形成教学特色和办学风格，营造教育家脱颖而出的制度环境”。要实现这个目标，在现实情况下我们一要营造良好的社会大环境，提供优厚的物质保障，让全体教师热爱教育教学工作；二要营造教育家办学的环境，深入推进教育的管办评分离改革，落实和扩大学校的办学自主权，对学校办学和教师教学实行专业评价和社会评价，减少行政主导的人才工程和计划，因为这本质上属于对办学和教师的行政评价；三要营造和谐的学校工作环境，让所有教师都站在学校正中央，能够专心于教育教学，有被尊重感和满满的获得感。

学校墙壁应该说什么话

学校文化建设一直是管理者在教育工作中思考得最多的问题。的确，加强学校文化建设，营造良好的教育氛围，是学校工作的应有之义。

苏霍姆林斯基说，学校“无论是种植花草树木，还是悬挂图片标语，或是利用墙报，我们都将从审美的高度深入规划，以便挖掘其潜移默化的育人功能，并最终连学校的墙壁也在说话”。

“最终连学校的墙壁也在说话”，这句话给了学校管理者很大的启发，很多校长想方设法让学校的每一个地方都具有育人功能。在当今一些中小学校里，各种标语被做成巨幅标牌，悬挂在学校的墙壁上或其他显眼处。

笔者曾走进一所大都市的小学，踏进校门，发现教学楼的墙上贴满了“话语”。在这所面积不大的学校里转一圈，发现走廊里的每根立柱和另外两栋房子的内外墙壁，也都被长长短短的各种话语包围着。我耐着性子仔细阅读这些话语，发现它们多属“速成成功学”范畴，有些话语给人的感觉是假、大、空。我还看过很多中小学校，感觉他们的“墙壁文化”缺乏系统性、专业性和整体性，多是一些套话、假话，或是让人半懂不懂的话。

学校的墙壁应该说什么话呢？

一、说基于儿童立场的“童话”

儿童是有特有的想法和感情的人。如果想用我们的想法和感情去代替他们的想法和感情，那是愚蠢的行为。我们除了要在课堂上站稳儿童立场外，在学校文化建设中同样要坚守儿童立场。

按照国家督学、原江苏省教科所所长成尚荣先生的说法，就是要“回到儿童”：回到儿童原来的意义上去，还给儿童自由、探究的本义；回到儿童完整的生活世界去，还给儿童丰富多彩的生活；回到儿童的最伟大之处去，从关注现实性，到更关注儿童的可能性，让可能性成为一种可能；回到儿童生活、学习的方式上去，让游戏永远伴随儿童成长，让游戏精神促进儿童的创造性发展。基于这些认识，我们在学校的“墙壁文化”建设中要力戒成人文化的干扰。一是在内容上，选择一些从儿童思维出发的话语，营造平等、亲切的氛围。还可以让学生自己撰写的话语、制作的手工作品等上墙，让他们在学校里有存在感和获得感。二是在摆放上，将话语摆放在儿童平视或只需稍微抬头就能看到的地方，让他们读这些话语时身心都舒服。

二、说上口好记的“白话”

墙壁上的话语是给谁看的？是给偶尔来学校里视察、检查的领导看的，还是给接送孩子的家长、每天在学校里穿梭的老师看的？领导、家长、老师当然可以看墙壁上的话语。但这些话语主要是给全体学生看的，要让学生从“墙壁文化”中吸收养分。

既然是面向学生的，话语就应该朗朗上口，好记易懂。遗憾的是，很多学校管理者没有意识到这一点。在总结、提炼学校的文化要素时，一是缺少学校自身的特点，严重趋同，没有新意；二是往名人名言上靠，以为如此才“高大上”，实际上常给人晦涩难懂之感。

有一回，我去山东省寿光世纪学校，走进校门，映入眼帘的是“每天进步一点点”的校训，我的心为之一振，很自然地记住了这句话。“每天进步一点点”，多么切合教育规律和孩子的成长实际！孩子就是在这平常的一天天里一点点进步的。这样寓意深刻的大白话，正是孩子们所喜欢的。

三、说真诚可信的实话

现在，一些校园里张贴着大话、套话和空话，有的话甚至教育者自己都不理解或不相信。比如，有的校园里显眼位置的大幅标牌上写着办学理念：“为了学生的一切，为了一切的学生，为了一切学生的每一个方面。”初看觉得不错，学校就是要围绕学生来开展工作，可仔细想想，这话实际上是在玩文字游戏。

也有很多校长提出了真实可信的办学理念。如江苏省泰州市田家炳实验中学的办学理念是“向着美的方向生长”。学生来到学校就是为了生长的，在生长过程中有美的方向引导，那这种生长就是美好的、有价值的。这样的表述，既体现了教育的本质性、过程性，又体现了学校发展的方向和特色。

如果还没有规划好，就不要随意在墙壁上放上一些不伦不类的东西。就让墙壁保持干净整洁吧，因为干净整洁的墙壁实际上也在说话。

把孩子的假期交给孩子

临近期末，经历了一个学期起早贪黑的孩子满心欢喜地盼望着假期早日到来。按照常理，假期里孩子们不必按时起床，可以做一些自己喜欢做的事，甚至可以去一些想去的地方……这些都是很正常、很好的想法。

可是，大人不这么想。很多家长想的是利用假期给孩子多报几个补习班。有些课外辅导机构早已把各类广告送到学校门口。还有一些商业机构，也盯上了即将休假的孩子，“某某杯少年儿童才艺大赛”“某某杯少年儿童选美比赛”的启事不时出现在精美的纸质广告上和热闹的电视屏幕中。

看来，孩子的假期谁做主还真是个问题。

首先，对孩子的假期，学校可以给出全面而合理的建议。学校不必全面规划学生的假期生活，但可以提出建议。比如，可以向全体家长发出一封信，表明学校的育人主张和相关措施，在育人目标及方式方法上与家长取得最大共识。可以要求各班主任向班里的每位学生写一封个性化的信，向家长通报孩子在德、智、体、美、劳等方面的优势和不足，提醒家长在某些方面要引起重视，还可以让班主任给学生布置一些动脑、动手的假期作业。

几年前，一所学校在假期里给全校学生布置了这样一项作业：为自己的亲人织一条围巾。作业公布后在社会上产生了一定的反响，叫好者认为这样的作业有创意，有人文情怀，可以让学生合理安排时间，动手、动脑持续去做一件事。而且编织对开发学生的大脑有帮助，围巾织好后戴在亲人身上会让学生有满满的获得感。反对者认为这样的作业真“奇葩”，简直是胡闹，男孩子也要织毛衣吗？我是旗帜鲜明地支持这种作业形式的。在培养人的过程中，最好联系现实生活和已有的经验，设计一些让学生动脑、动手的既有意思又有意义的作业。让学生学织围巾，就属于这一类。它可以引导学生在做中学，积累生活经验。这样的作业不仅可以培养学生的智商，还可以提升他们的情商。可以预料，没有编织经历的学生要织好一条围巾需要付出很多时间和精力，这个不断尝试的过程能够让他们逐步懂得“事非经过不知难”的道理，让他们体会准备一件礼物送给亲人的欣喜之情，并由此倍加珍惜这份经历。

其次，在假期中，家长应该多多陪伴孩子。希望孩子有出息，出人头地，这是天下父母的共同心愿。利用假期给孩子补短板，也是天经地义的事。但为人父母也应该明白：一张一弛乃文武之道，在经历了一个学期的学习后，让孩子放松一下，是应该的，也是必需的。最好的家庭教育就是陪伴，家长可以利用这个时段多与孩子交流，了解孩子的真实想法和内心深处的希冀。

孩子的成长是一个过程。在这一过程中，孩子自然需要摄入知识的营养，但也需要暂停，休息调整。在关注孩子摄入知识营养的同时，更应密切关注孩子的情感、态度、价值观和个性心理。将孩子接出校门后又立马送进补习班，或过早地让孩子去接触在他们那个年龄段不应该接触的东西，以过度消费孩子的代价让他们获奖逐利。这对孩子的成长是很不利的。

处在成“人”阶段的孩子，父母硬要将他做“才”用，最终恐怕逃不脱拔苗助长的结果。作为家长，我们最需要秉持的育人理念是：让孩子做一个幸福的普通人。

再次，对孩子的假期，社会必须加强引导并提供诸多实践机会。对社会上各类补习班，有关部门必须加强监管。值得欣慰的是，现在提高了培训机构的准入门槛，加大了对社会各类培训机构的监管力度。监管部门要通过各种途径帮助孩子甄别各种赛事。其实，孩子参加这样那样的比赛，肯定要花费大量的时间及人力、物力，而对孩子而言，青春无价，时间也无价。耗时费力去包装孩子，可能会荒废他们的学业，影响他们的全面和谐发展。

主流媒体要加大宣传力度并组织相关活动，如组织中小学生读书分享会，引导学生利用假期多读书、读好书。

面对即将到来的假期，请听孩子们的呼声：我的假期我做主！

教育应该润物无声

面对正在成长的学生，我们的教育应该润物无声。

一、润物无声需要大爱

没有爱就没有教育，这是教育人的共识。爱虽然不是教育的全部，但它是不可或缺的。教育者如果缺少爱心，“端”得再优雅，“妆”得再美丽，也难以掩饰灵魂的荒漠。

有一个教育案例广为流传。一位年轻美丽的女教师上小学语文公开课，她走上讲台，那修长的身材、得体的衣着、恰当的妆容、亲切的话语，立刻惊艳了台下的学生和听课的同行。她穿着一件半袖连衣裙，飘逸的裙摆上缀满了五彩的小星星。课堂上，看得出她是做了精心准备的，只要学生回答对了老师的问题，她就从裙摆上揭下一颗星星贴到这个学生的额头上。学生都抢着发言，都想得到老师的星星，课堂气氛活跃，教学如老师所愿顺利地往前推进。这时出现了一个小意外，老师在教室里走动时把一颗星星落在了一个男生面前。这个男生还没有得到过老师的星星，他小心翼翼地把星星捡起来，看到前后左右同学的额头上都贴着星星，他偷偷地把星星往自己额头上按，但终究没有把它按上去，只好把它放在课桌上。下课了，老师成就感满满地走出教室。男生拿起那颗星星追到了走廊上，他把那颗星星高高地举过头，对漂亮的女老师说："老师，我捡到了一颗星星，在这里。"说完双手把星星递给老师。这位在讲台上亲切如姐姐的老师，没有看一眼这个男生，更没有接住他递过来的星星，边走边冷冰冰地抛出一句话："你把它丢到垃圾桶里吧，课上完了。"学生握着那颗星星，一脸茫然地注视着老师的背影。

听完这个案例，很多人会感慨这位老师"装"得真辛苦哇。40分钟时间里，她的教态那么自然，讲解那么生动，奖品那么独特。这样的老师有好的教学基本功，有新颖的教学设计，就是缺乏教育工作者必备的大爱情怀。如果对教育、对学生满怀深情，她就会把那一颗颗"星星"，看作润物无声的爱心。这爱心是洋溢在课堂内外、师生之间的温暖，可意会而不必言传。

二、润物无声需要大智

近日读《教师应该知道的事》（上海教育出版社2019年版），作者在《温柔的征服》一文中为我们讲述了这样一个故事。一位老师新接了一个班的语文课，第一天，她发现一个男生没有带书，问这个学生为什么不带书，男生说忘了。同学们七嘴八舌："他有健忘症！"第二天，老师来到班上，扫一眼课堂，发现那个男生的课桌上依然空空如也。她没有发作，而是平静地宣布上课。要讲课时，她却突然发现眼镜没有戴，翻遍周身也没有找到。她不好意思地说："同学们，真抱歉，我忘记戴眼镜了。我视力不好，离了眼镜什么也看不清。"她很自责，在全班同学的注视下甚至有点儿不知所措。这时，她走到那个没有带书的男生面前，轻声说："请你帮我去办公室取一下眼镜，好吗？"那个男生受宠若惊，很快就完成了老师交给他的"光荣任务”。老师接过眼镜，真诚地向男生道了谢，然后和蔼地说道：“一个人如果经常马马虎虎，丢三落四，多么耽误事啊！从今天起，我和你们相约，我们一起来消灭马虎，你们说好不好？”

后来，这位老师送走了一届又一届学生，在她80岁诞辰时，崇敬她的学生为她在校园里立了一尊汉白玉雕像。在雕像落成的仪式上，当年那个被同学讥为患有“健忘症”的男生激动地讲述了上面这个故事。他说，那时候，他不知道老师是在用请自己帮忙的方式来巧妙地帮助自己，但是，自打那次给老师拿了眼镜之后，他就彻底告别了丢三落四的毛病。面对学生的不良习惯，这位老师没有空洞说教，更没有暴跳如雷，她那润物无声的教育起到了“四两拨千斤”的作用。

三、润物无声需要大德

师德高尚，是社会对老师的基本要求，也是老师自身追求的目标。在教育生活中，如何衡量一个老师的师德水平呢？我以为，把课上好就是老师有大德的具体表现。阅读名师大家的著作或现场目睹他们的教学风采，时时处处都能感受到他们不应付课堂、不轻慢学生的大德。

贾志敏老师是我敬重的一位小学语文名家。前不久，读到他的教育口述史《积攒生命的光：贾志敏教育口述史》（华东师范大学出版社2018年版）。他总结出语文课堂要“看教学，不看表演”“看学生，不看老师”“看门道，不看热闹”。这“三看三不看”可谓切中要害，既有对当下语文课堂的诚挚批评，也有对未来母语教学的殷切期待。他本人的课堂一扫华而不实、哗众取宠的陋习，给人真真切切、实实在在的感觉。

贾老师和于永正、支玉恒等名师大家一样，对教育十分虔诚，他们恪守教师的本分，一生钟情于课堂，挚爱学生。他们用持续的平凡举动演绎着教育工作者应该具有的大德。

教师精神明亮，教育就充满希望

近年来，提高教师物质待遇的呼声较高，当然，现阶段真的需要提高教师的福利待遇。然而，如果只关注物质待遇，而对教师的精神生活不闻不问，未必就能抓住根本。

法国思想家、文学家罗曼·罗兰曾说："要撒播阳光到别人心中，自己心中首先要有阳光。"教师就是要撒播阳光到别人心中的人。也就是说，教师不仅要学识丰富，还要精神明亮。只有精神明亮的教师才能培养出精神明亮的学生。

一个精神明亮的人会是什么样子的呢？著名作家王开岭在他的《精神明亮的人》一书中说，这样的人"始终代表一种指向终极的灵魂态势，一种精神奔赴性，一种上升的生命向度"。他们对待自己的工作和世间的万事万物，极为执着。

由此，我们可以确认精神明亮的教师应该是这样的人。

首先，热爱生活，心态积极。人生不如意事常八九，他们会常想那一二，始终保持积极的心态，换位思考；在他们看来，没有爬不过去的山，没有蹚不过去的河，而且有时还表现出越是艰险越向前的品格。

其次，享受工作，努力进取。他们只要走进校园，走进教室，就能够调整好自己的情绪。他们会自觉地把那些影响学生精神成长的东西丢到校门、教室门之外。走上讲台，他们就是饱含深情的人，就会用自己的渊博知识和高尚人格演绎爱与精彩。

再次，具有家国情怀，崇尚真善美。他们有敬畏心、怜悯心和感恩心，三观（人生观、价值观、世界观）正确，明辨是非，崇尚真善美。他们具备与国家、民族同忧同乐的情怀。

有一批精神明亮的教师，就有一群精神丰盈的学生。

要想让教师成为精神明亮的人，各方都有责任。

一、持续提高教师的物质待遇，让全体教师有尊严地活着

吴非老师在《照亮校园的常识》一书里写道："理想的教师职业状态：中等的收入，朴素的生活，高尚的追求。"确实，教师们在福利待遇上并没有过高的诉求，多数教师有过清贫朴素生活的思想准备。近年来出现的一些事件表明，教师只是请求有关方面不拖欠工资与奖励，并能够按照《中华人民共和国教师法》的规定，在福利待遇上等同或略高于当地公务员。这些诉求都是正当的。只有让教师有待遇保障，有尊严地活着，才能寄希望于他们精神清爽，安心、用心地工作，贡献出自己的教育智慧与力量。

二、适当简化对教师的师德评价，把上好课作为高尚师德的体现

教育管理部门应该适当简化对教师的师德评价，对他们多一些人性关怀。对师德表现，关键看教师是否应付课堂、轻慢学生，可以把上好课作为教师高尚师德的真切体现。不能用按比例、划重点等简单

的办法，在师德方面划出三六九等，不能只给教师行为规范而忽视对他们精神的滋养。应该建立师德负面清单制，让教师不在师德等级上纠结，放开手脚去立德树人。

三、关心教师的专业成长，让他们有获得感和成就感

教师的人生价值在学校，教师的专业成长在课堂。学校领导应做到以下几点。

首先，要千方百计让教师对所从事的工作、对学校文化有认同感和归属感。管理心理学告诉我们：一个人只有对工作、组织认同，才会产生为这份工作和组织真情付出的愿望。

其次，要关心教师的专业成长，尽可能减轻教师教学以外的负担，创造条件让教师多读书、读好书，多参加业务学习，让他们把时间用在备课、上课及辅导等专业的事上。

再次，要引导教师投身到教育研究中来，把教育教学中的问题转化为研究课题，通过教育教学的研究与创新，让他们有获得感和成就感。

以上说的是外因，要做一个精神明亮的人，教师自身这个内因起关键作用，教师要成为有厚积累、宽胸怀、高眼界、大智慧的人。教育是面向未来的事业，教师既要脚踏实地，又要仰望星空，心中装满理想并点燃学生心中的理想。

教师精神明亮，教育才有希望。

后 记

可以说，我这辈子把时间和精力全部献给了教育。即使离开教育管理岗位后寓居他乡，还是不停地思考教育问题。而世事往往是这样的，你越是关注它，就越有可能发现它的一些问题，就越想寻找解决问题的办法。在持续关注教育的过程中，我心存敬畏与感激。

我敬畏教育——国家发展的基石。一个国家的发展和强盛，根本上取决于国民素质。国民素质的提高，关键靠教育。为此，我们要全力发展教育，培养出更多德、智、体、美、劳全面发展的高素质劳动者和高质量人才。通过德育帮助学生树立正确的人生观、价值观，确立崇高的人生目标，成为有责任心、有正义感、有奉献精神的人。通过智育点燃学生心智的火焰，把他们的潜质开发出来。通过体育培养学生坚毅勇敢、吃苦耐劳和团结协作的精神。通过美育陶冶学生的情操，提高他们的审美情趣，激发他们对真善美的追求和美好未来的向往。通过劳动教育使学生树立正确的劳动观点和劳动态度，热爱劳动和劳动人民，养成劳动习惯。

我敬畏教师——传递文明火种的人。首先，教师要对所从事的工作和学校文化有认同感与归属感。其次，要对本学科的课程标准、教材和教法进行深入研究，成为这一学科的行家里手。再次，要做一个读书人，把读写融入自己的生活，在反思、研究中享受成长的乐趣。另外，政府和社会要善待教师，要给予他们优厚的物质待遇、较高的政治地位和社会地位，让他们体面地生活，开心地工作；想方设法为他们的专业发展搭建平台，让他们尽快成长、成熟，走向成功。

我敬畏学生——未来社会的主人。我们不能满足于教给学生知识，更重要的是教会他们应对未来的不确定性。必须让学生真正成为学习的主人，成为有独立思考能力的人。学生的成长是一个系统工程，需要家庭、学校、社会齐心协力，缺失任何一方都可能使学生的成长打折扣。

因为敬畏和感激，我始终小心翼翼地在为教育做些力所能及的事。我不敢说自己对教育有多么深刻而独到的理解，只能说始终在尽力地引导教师尊重常识，靠近本质。

感谢我始终敬畏的教育事业，它时时温暖着我，让我在不停的学习中有获得感。感谢源创图书策划人吴法源先生，欣然同意将我近年来的教育随笔结集出版。感谢编辑李热爱女士，不厌其烦地帮我打磨书稿。感谢家人持续的鼓励与鞭策。当然，还要感谢您，百忙之中拿起这本小书。

图书在版编目（CIP）数据

边教书，边成长／陈文著．-- 北京：中国人民大学出版社，2021.1

ISBN 978 - 7 - 300 - 28913 - 7

Ⅰ.①边… Ⅱ.①陈… Ⅲ.①师资培养—研究—中国 Ⅳ.①G451.2

中国版本图书馆 CIP 数据核字（2021）第 001188 号

边教书，边成长

陈　文　著

Bian Jiaoshu Bian Chengzhang

出版发行	中国人民大学出版社		
社　　址	北京中关村大街 31 号	**邮政编码**	100080
电　　话	010 － 62511242（总编室）		010 － 62511770（质管部）
	010 － 82501766（邮购部）		010 － 62514148（门市部）
	010 － 62515195（发行公司）		010 － 62515275（盗版举报）
网　　址	http://www.crup.com.cn		
经　　销	新华书店		
印　　刷	北京华宇信诺印刷有限公司		
规　　格	168 mm × 239 mm　16 开本	**版　　次**	2021 年 1 月第 1 版
印　　张	12　插页 1	**印　　次**	2021 年 11 月第 4 次印刷
字　　数	150 000	**定　　价**	49.80 元